Brot, Brötchen und pikante Backspezialitäten

Brot, Brötchen und pikante

Backspezialitäten

herausgegeben von
Marie-Theres Wiener

Buch und Zeit Verlagsgesellschaft mbH · Köln

Die Abkürzungen in diesem Buch:

EL	= Eßlöffel, gestrichenes Maß		kg	= Kilogramm
			ml	= Milliliter
TL	= Teelöffel, gestrichenes Maß		l	= Liter
			TK	= Tiefkühlprodukt
Msp.	= Messerspitze		P.	= Päckchen
g	= Gramm		cm	= Zentimeter

Verlag und Herausgeberin danken AIF, Bonn; CMA, Bonn; Peter Kölln, Elmshorn; Ketchum, München; Die Gilde, Hamburg; Maizena Markenartikel GmbH, Heilbronn; Arbeitsgemeinschaft Deutscher Handelsmühlen e. V., Bonn für ihre freundliche Unterstützung.

ISBN 3-8166-9804-2

Titelbild: TLC-Foto-Studio GmbH, Velen-Ramsdorf
Umschlaggestaltung: Peter Udo Pinzer
Fotos: CMA, Bonn: S. 1, 2/3; Fotostudio Eberle, Schwäbisch-Gmünd: S. 4, 5, 32, 40, 42, 48, 49, 54/55, 60, 62, 64, 65, 88; Peter Kölln, Elmshorn: S. 22/23, 39, 78, 79, 80, 85, 94, 95, 105, 106/107, 120, 124/125, 134, 152, 153, 157; Brigitte Harms, Hamburg: S. 23; USA Sonnenblumenkerne: S. 34/35, 84, 149; Thomy: S. 109; CMA Butterschmalz: S. 110; Butaris: S. 115, 122; Studio Margit Schwarz, Frankfurt am Main: S. 118; Maizena Markenartikel, Heilbronn: S. 123, 136, 137, 138, 140/141, 142, 144, 145, 146; Wolfgang Feiler, Karlsruhe: S. 131; Grauel & Uphoff, Hannover: S. 135, 156; Bresso Frischkäse: S. 139; alle übrigen Fotos: TLC-Foto-Studio GmbH, Velen-Ramsdorf.

Gesamtkonzeption: Buch und Zeit Verlagsgesellschaft mbH, D-Köln.

1999980495X7 2635 4453 6271

Inhaltsverzeichnis

Vorwort

Seit der Mensch gelernt hat, Getreide zu mahlen, mit Wasser zu mischen und auf heißem Stein oder im heißen Ofen zu backen, hat sich unser Brotkorb im Laufe der Jahrhunderte mit wunderbaren Köstlichkeiten gefüllt. Der Geschmack des Brotes läßt sich durch verschieden stark ausgemahlene Mehle, durch das Mischen mit anderen Getreidesorten, durch Hinzufügen verschiedener Gewürze, Kräuter, Nüsse und Samen verändern. Jede Landschaft, jeder Kontinent hat im Laufe der Zeit den Brotteig nach eigenen Vorstellungen geformt. Da sind die kiloschweren Laibe aus würzigem Sauerteig, die dünnen, knusprigen Fladen aus Maismehl, die langen Stangenbrote aus Weizen- und Bohnenmehl und die kleinen knusprigen Brötchen und Hörnchen. Irgendwann einmal kam ein genialer Bäcker (oder seine Frau) auf die Idee, den ausgerollten Teig mit Gemüse, Speck, Käse, Sahne oder Eiern zu belegen und zu backen. Pizza, Quiche und Gemüsekuchen waren geboren. In diesem Buch beschreiben wir, wie Sie Ihr täglich Brot und ihre Frühstücksbrötchen sowie allerlei anderes würziges Gebäck selbst herstellen können. Folgen Sie uns ins köstliche Backparadies!

Frühstückshörnchen, Rezept Seite 83
Pirogge, Rezept Seite 45

Hausbacken Brot am besten nährt

Brot im eigenen Herd zu backen ist einfacher als manch einer glauben mag. Wie bei jedem Handwerk sind auch beim Brotbacken bestimmte Regeln einzuhalten. Mit unseren Anleitungen und Tips wird Ihnen alles aufs beste gelingen, weil alle Brote, Brötchen, Pizzen und Tartes von Brotliebhabern nachgebacken wurden. Hausgebackenes Brot hat darüber hinaus den großen Vorzug, daß Sie bestimmen, was hineinkommt. Gesundheitsbewußte mahlen ihr Mehl selbst und verwenden als Treibmittel hausgemachten Sauerteig. Wenn Ihr eigenes Brot anders schmeckt als vom Bäcker, dann liegt das an den unzähligen zulässigen Zusatzstoffen (die eigentlich im Brot gar nichts zu suchen haben, aber wegen der besseren Lockerung und der röschen Kruste gern verwendet werden) und an den heißeren Backöfen.

Vom steinharten Fladen zum lockeren Weizenbrot

Vor vielen tausend Jahren zog der Mensch als Sammler und Jäger durchs Land, bevor er vor rund 10 000 Jahren seßhaft wurde, Hütten baute und die ersten Samen in die Erde senkte. Es waren sicherlich Grassamen, die dem Steinzeitmenschen vor Augen führten, wie aus kleinen Körnern neue Pflanzen entstehen. Die ältesten uns heute bekannten Getreidearten waren der Emmer, eine Weizenart, Gerste und Hirse, die gekocht und zerstampft als Brei verzehrt wurden.

Der Getreideanbau breitete sich vor ungefähr 8000 Jahren in Ägypten, China, Indien sowie im ganzen Orient aus. Der Siegeszug des Getreides war nicht mehr aufzuhalten.

Den harten Getreidekörnern rückten die Menschen mit Mörsern, Reibsteinen und Reibmühlen zu Leibe. Dieses grobe Schrot vermischte man mit Wasser, Milch und Fett, formte daraus dünne Fladen und buk diese über heißen Steinen oder schob sie in heiße Asche. Ausgrabungen in Bulgarien haben bewiesen, daß schon vor 5000 Jahren Backöfen und Röhrenöfen bekannt waren. Die Röhrenöfen konnte von innen beheizt werden, die Fladen klebte man einfach an die heißen Wände.

Diese ersten Fladen müssen ungeheuer hart gewesen sein, wenn man sie nicht unverzüglich verzehrte. Andererseits war das fast wasserfreie Gebäck ein stets verfügbares Nahrungsmittel, das man durch Einstippen in Wasser, Milch oder andere Flüssigkeiten wieder weich bekam.

Irgendwann vor ungefähr 3800 Jahren im alten Ägypten ließ eine säumige Hausfrau den Brei aus Mehl und Wasser versehentlich einige Tage in der Ecke stehen. Um den hungrigen Gatten nicht zu enttäuschen, muß sie in Eile dem gegorenen Teig weiteren Schrot beigemischt haben, bevor sie die Fladen buk. Mit freudigem Erstaunen wurde in dieser Familie das erste lockere Brot verzehrt. Zuerst erfuhr die Mutter davon, dann die Freundin, die Nachbarin und bald darauf die ganze Gemeinde. Die Rezeptur wurde schnell von Mund zu Mund weitererzählt.

So oder so ähnlich muß es gewesen sein. Auf jeden Fall war der Vorgänger unseres heutigen, lockeren Brotes erfunden! Wenig später schauten die Griechen den Ägyptern über die Schulter in den Backtrog und säuerten von nun an auch ihr eigenes Brot, und bald konnten auch die Germanen durch Teigsäuerung ein lockeres Brot backen.

Von nun an ging die Entwicklung rasch voran; vor rund 1550 entdeckten die Römer die Kraft des Wassers und errichteten überall im Land Wassermühlen, die die Getreidekörner mahlten. Mit Sieben aus Pferdehaar oder Ruten trennten sie Spelzen und Kleie vom Schrot. Das Ergebnis war ein feines Mehl. Drei Jahrhunderte später verarbeiteten in Rom täglich 250 Bäckereien über 30 Tonnen Getreide.

Woanders wurde eine andere Energiequelle erschlossen: der Wind. Überall in Küstennähe in Holland, England, Spanien und Norddeutschland drehten sich die Windmühlen. Wie zahlreich die Müller, die das Mehl mahlten, waren, läßt sich noch heute an den Tausenden von Trägern des Namens Müller ablesen.

In Nord- und Mitteleuropa verdrängte im 12. Jahrhundert das Brot den Getreidebrei. Allerdings mußte das gemeine Volk jahrhundertelang grobes, hartes Brot verzehren, während die Herrschenden an ihren Tafeln lockeres Brot reichen ließen.

Moderne Mahlmaschinen lieferten ein immer feineres Mehl, so daß das tägliche Brot mehr und mehr von Großbäckereien gebacken wurde und weniger von der Hausfrau im eigenen Herd. 1844 entstand in Berlin die erste Großbäckerei. Wenige Jahre später wurde in Frankreich eine große Teigknetmaschine entwickelt. Von nun an buken Bäcker und Großbäckereien fast ausschließlich das tägliche Brot.

Wie dieser Exkurs zeigt, war die Entwicklung des Brotes vom festen Fladen zum lockeren Weizenbrot lang und hart. Deshalb ist es nicht verwunderlich, daß ein Nahrungsmittel, dessen Herstellung mit so unendlich vielen Mühen verbunden war, für heilig gehalten wurde: Die Götter sollen dem Menschen das Brotbacken gelehrt haben. Demeter, die griechische Göttin des Getreides, wurde als Fruchtbarkeitsgöttin verehrt. Die römische Göttin des Getreideanbaus hieß Ceres, wovon wir heute das Wort Cerealien für alle Getreideprodukte ableiten.

Die Menschen brachten Brotopfer, die Herrscher wurde mit Brotgaben geehrt, der Bräutigam reichte der Braut ein Brot, um zu symbolisieren, daß er von nun an für ihre tägliche Ernährung Sorge tragen werde. Auch die Gabe Brot und Salz an Jungvermählte und neue Hausbesitzer soll bedeuten, daß in dem neuen Heim beides immer vorhanden sein möge. Viele bekannte Sprüche versinnbildlichen die Bedeutung des Brotes für den Menschen: Besser eigenes Brot als fremder Braten;

Fremdes Brot, herbes Brot; Brot und Spiele; Wes Brot ich ess', des Lied ich sing'; Wer nie sein Brot mit Tränen aß...; Den Brotkorb höher hängen.

Backhauspalaver statt Einsamkeit

Das Brotbacken im Haushalt war seit jeher Aufgabe der Frau. Der Mann half insofern mit, als daß er den Ofen anfeuerte, manchmal den zähen Teig knetete oder die schweren Brotlaibe in den Ofen schob.

Die Brotmenge, die früher auf einem Hof mit seinen zahlreichen Knechten und Mägden gebacken werden mußte, war so groß, daß beispielsweise in Norddeutschland an einem 5 Meter lange Backtrog bis zu 6 Männer gleichzeitig mit dem Kneten beschäftigt waren. Bis vor rund 200 Jahren wog ein Bauernbrot gut und gerne einen halben Zentner.

In Laufe der Zeit haben sich in den verschiedenen Landschaften unterschiedliche Backöfen entwickelt. Entweder stand der Ofen in der Küche oder in einem eigenen Raum. Außerhalb des Hauses gab es in ärmlichen Gegenden einfache Feldbacköfen oder bei den begüterten Bauern ein Backhaus. Backhäuser, die noch im vorigen Jahrhundert zu fast jedem Bauernhof gehörten und bis in die 50er Jahre unseres Jahrhunderts in den Dörfern in Betrieb waren, sind heute fast ausschließlich noch in Freilichtmuseen zu bewundern.

Was den Männern das Gasthaus, war für die Frauen eines Dorfes das Backhaus. Hier wurde geratscht und geschwätzt und wurden die neuesten Nachrichten über Geburt, Krankheit und Tod weitergegeben.

Trotz der heutigen Massenproduktion von Brot in über 1000 Sorten haben sich in den letzten Jahren viele Männer und Frauen ihr Brot im eigenen Herd gebacken. Ob nun Modeerscheinung oder Besinnung auf Tradition, nichts ändert sich an der Tatsache, daß viele Menschen heute mit Begeisterung ihr eigenes Brot backen.

Frisch aus dem Ofen schmeckt's am besten: knusprige Brötchen, zarte Butterhörnchen, würziges Sauerteigbrot.

Ohne Mehl kein Brot

Brot ist unser wichtigstes Nahrungsmittel und es sollte täglich verzehrt werden. Es versorgt unseren Körper wie kein anderes Nahrungsmittel mit Kohlenhydraten, Eiweiß, Ballaststoffen, Vitaminen und Spurenelementen. Der Hauptbestandteil der meisten Backwaren ist das Mehl. Weizen ist

Links von oben nach unten: Weizen, Roggen, Hafer, Gerste, Mais; rechts von oben: Reis, Hirse, Dinkel, Grünkern, Buchweizen.

weltweit mit rund 30 Prozent das begehrteste Getreide, ihm folgen mit rund 27 Prozent Reis und Mais, Gerste mit 10 Prozent, Hirse mit 5 Prozent, Hafer und Roggen mit je 2 Prozent der Weltgetreideernte.

Für Brote und Kleinbackwaren sind bei uns Mehle aus Weizen und Roggen vorherrschend. Der beste und teuerste Weizen gedeiht in Kanada. Deshalb sollte jeder Verbraucher wissen, daß ein hochwertiges Mehl teurer sein muß als ein weniger gutes Mehl.

Die Deutschen verzehren pro Kopf und Jahr 76 Kilogramm Getreide. Darauf entfallen 71 Prozent auf Weizen, 17 Prozent auf Roggen, 6 Prozent auf Mais, 3 Prozent auf Reis, 2 Prozent auf Hafer und je 0,5 Prozent auf Gerste, Buchweizen, Dinkel und Hirse.

Nach dem Ernten des Getreides werden in den Mühlen die einzelnen Bestandteile des Korns – die unverdauliche Schale, der Keimling, das Eiweiß, die vitaminreichen Randschichten und der stärkereiche Mehlkörper – voneinander getrennt. Daß Mehl nicht gleich Mehl ist, sehen Sie daran, daß im Handel die folgenden Mehle angeboten werden: Weizenmehl mit der Typenbezeichnung 405, 550, 812, 1050, 1600, 1700 (Backschrot); Roggenmehl mit der Typenbezeichnung 815, 997, 1150, 1370, 1740 und 1800 (Backschrot) und seit kurzem auch Dinkelmehl mit der Typenbezeichnung 630, 812 und 1050.

Die Bezeichnung Backschrot erhält Mehl dann, wenn es aus dem gewaschenen Korn gemahlen wurde, dem lediglich der Keim und die äußeren Schalenteile fehlen.

Die Typenbezeichnung beim Mehl gibt den Ausmahlungsgrad, d.h. den Gehalt an Mineralstoffen an. Beispiel: Weizenmehl der Type 405 enthält 405 Milligramm Mineralstoffe auf 100 Gramm. Mehl der Type 1050 enthält 1050 Milligramm Mineralstoffe auf 100 Gramm. Je höher also die Typenbezeichnung, desto mehr Mineralstoffe, Vitamine und Ballaststoffe sind im Mehl enthalten.

Vollkornmehl und Vollkornschrot aus Weizen, Roggen und Dinkel müssen die gesamten Bestandteile der gereinigten Körner, einschließlich des Keimlings enthalten. Die Körner dürfen vor der Verarbeitung nur von der äußeren Fruchtschale befreit worden sein. Beide Produkte müssen rasch verbacken werden, weil Vollkornmehl und Vollkornschrot durch den fetthaltigen Keimling schnell ranzig werden.

Darüber hinaus finden Sie im Handel verschiedene Mehrkornmehle sowie Weizengemengemehle aus 60 Prozent

Zum Brotbacken eignen sich nicht nur Mehle aus Weizen und Roggen, sondern auch aus Dinkel, Günkern, Mais, Hafer, Gerste, Reis und Sojabohnen.

Weizen und 40 Prozent Roggen und Roggengemengemehle aus 60 Prozent Roggen und 40 Prozent Weizen. Grahammehl besteht aus 50 Prozent Weizenmehl Type 1050 und 50 Prozent Weizenschrot. Außerdem sind verschiedene fertige Brotmischungen im Handel, denen meistens nur noch Wasser und Gewürze zugefügt werden müssen.

Folgende Mehle können in beliebigen Konzentrationen Roggen- oder Weizenmehlen beigemischt werden: Buchweizenmehl, Gerstenmehl, Grünkernmehl (Grünkern ist halbreif, grün geernteter Dinkel, der gedarrt und anschließend gemahlen wird), Hafermehl (und kernige, zarte und Instant-Haferflocken), Kastanienmehl, Maismehl, Maniokmehl, Reismehl und Sojamehl.

Ob „Biobrot" und „Biobrötchen" tatsächlich gesünder sind, ist noch nicht erwiesen. In Deutschland wird nur rund 0,2 Prozent der gesamten landwirtschaftlich genutzten Fläche alternativ bewirtschaftet. Die Belastung mit Schadstoffen wie Pestiziden und Schwermetallen ist in den letzten Jahren deutlich rückläufig, wie Untersuchungen gezeigt haben.

Experten vertreten die Ansicht, daß beim Verzehr von Getreide und Getreideprodukten kein gesundheitliches Risiko für die Verbraucher besteht.

Wer sein Getreide frisch mahlt oder mahlen läßt und umgehend mit einem Treibmittel, Flüssigkeit, Fett sowie mit Gewürzen und Kräutern verknetet und backt, verzichtet auf allerlei unnötige Backhilfsmittel, die die Bäcker und Großbäckereien einsetzen dürfen. Experimentierfreudige können verschiedene Mehle miteinander mischen. Das Backergebnis ist immer überraschend gut.

Neugierig auf die Geschichte des Brotes? Das Deutsche Brotmuseum finden Sie Im Salzstadel, 89073 Ulm, Telefon 07 31/6 99 55.

Gewürze gegen Langeweile

In erster Linie wird Brot mit Salz gewürzt, und zwar rechnet man auf 250 Gramm Mehl einen gestrichenen Teelöffel Salz. Verwenden Sie am besten Meersalz oder Jodsalz – Ihrer Gesundheit zuliebe.

Überraschen Sie Ihre Familie und Ihre Freunde doch einmal mit einer Brotparty. Dafür brauchen Sie höchstens 3 Stunden Vorbereitungszeit, verschiedene Mehlsorten, Hefe oder Sauerteig und Gewürze wie Anis, Fenchel, Ingwer (möglichst frisch gerieben), Kardamom, Koriander, Kümmel, Pfeffer in verschiedenen Formen (weiß, schwarz, grün und rosa, und zwar in ganzen Körnern, geschrotet oder fein gemahlen), Piment sowie verschiedene Gewürzmischungen wie Knoblauchsalz, Zitronen- und Orangenpfeffer, spezielle Brotgewürzmischungen.

Gewürze sollten möglichst immer als ganze Körner gekauft und in einem dunklen Gefäß gut verschlossen aufbewahrt werden. Zum Gebrauch werden einige Körner im Mörser mehr oder weniger fein zerrieben. Freunde würziger Backwaren mischen sich Ihr spezielles Brotgewürz aus Körnern verschiedener Gewürze, die mit einer Pfeffermühle zerkleinert werden.

Zum Würzen eignen sich aber auch alle frischen und besonders gut die getrockneten Kräuter wie beispielsweise Basilikum, Brennessel, Dill, Majoran, Rosmarinnadeln, Salbei, Schabzigerklee und Thymian.

Mit Samen und Nüssen verleihen Sie Ihrem Brot einen besonders kernigen Biß. Mischen Sie den Brotteig mit ganzen oder grob gehackten Erdnüssen, Haselnüssen, Kürbiskernen, Mandeln, Pekannüssen, Pinienkernen, Pistazien, Sonnenblumenkernen und Walnüssen. Mit Leinsamen, Sesam und Mohn werden die ungebackenen Brote und Brötchen bestreut. Das ergibt einen besonders feinen Geschmack.

Sie können Ihr Brot aber auch durch gebratene Zwiebel- oder Knoblauchwürfel, ausgelassene Speckwürfel, Schinken- oder Salamistreifen, durch Oliven und getrocknete Tomaten oder Dörrobst verwandeln.

Formen Sie aus den verschieden gewürzten Brotteigen runde und längliche Brote und Brötchen und Hörnchen. Dazu reichen Sie neben frischer Butter angemachten Quark, Käse, Wurst und Schinken sowie eine große Schüssel mit gemischtem Salat. Sie werden es erleben: Man wird Sie und Ihre Backkunst aufs höchste loben.

Gewürze, Nüsse und Samen verleihen Brot und Brötchen einen besonderen Geschmack.

Notwendige Küchenutensilien

Erfreulich: Wer Brot backen will, braucht (wahrscheinlich) gar nichts Neues zu kaufen: Benötigt werden eine große Backschüssel, eine Waage, ein Meßbecher, ein Mehlsieb, Rührlöffel, saubere Küchentücher, ein großes Backbrett oder eine ausreichend große Arbeitsplatte, ein Thermometer und ein elektrisches Rührgerät, ein Backpinsel und Backpapier sowie einige kleinere Dinge, die in jede Küche vorhanden sind.

Damit das Brot in Form kommt

Brot- und Brötchenteig ist immer so fest, daß es beim Backen mehr oder weniger seine Form behält. Ein mit den Händen rund, oval oder stangenförmig geformtes Brot bekommt rundherum eine schöne feste Kruste. Brot und Brötchen werden auf ein mit Butter oder Schweineschmalz eingefettetes oder mit Backpapier ausgelegtes Backblech gesetzt. Man kann aber, die Bäcker tun das ja auch, eine belie-

Vielfältig sind die Formen, in denen Brot gebacken werden kann.

bige Form verwenden. Die beliebte Pizza wird direkt auf einem eingefetteten Backblech gebacken, Quiche, Tarte und Gemüsekuchen behalten ihre Gestalt in flachen Backformen oder in einer Springform.

Haben Sie schon einmal bei Ihrem Bäcker ein rundes Brot mit einem schneckenförmigen Muster gesehen? In diesem Fall hat Ihr Bäcker einen Backkorb aus Peddigrohr benutzt. Solche Backkörbe in verschiedenen Formen gibt es im Fachhandel zu kaufen. Der gekenetet vorgeformte Teig wird in den bemehlten Backkorb gelegt und nimmt beim Aufgehen das Korbmuster an, wodurch das Brot sein reizvolles Aussehen erhält. Vor dem Backen wird der gegangene Teig auf ein eingefettetes oder mit Backpapier ausgelegtes Backblech gestürzt.

Um Brot in der Form zu backen, verwendet man die handelsüblichen Backformen aus Blech: Kastenformen in verschiedenen Größen, Springformen oder verschiedene Brotbackschalen aus Keramik. Zum Brotbacken eignen sich auch Eisentöpfe, Tontöpfe wie der Römertopf oder gut gereinigte neue Blumentöpfe.

Um einem Teiglaib während des Gehens Form zu geben, können Sie einen Tortenring, den Rand einer Springform oder ein Stück feste Alufolie verwenden.

Damit der Teig richtig geht

Backpulver

Das weiße Pulver aus den bekannten Tüten wird beim Brotbacken selten verwendet. Trotzdem: Auch mit Backpulver lassen sich feine Weizenbrote und -brötchen backen. Backpulver hat den großen Vorteil, daß keine lange Wartezeiten entstehen, der Teig kann sofort geknetet und gebacken werden. Backpulver wird stets mit Mehl gemischt und in die Backschüssel gesiebt. Handelsübliches Backpulver wird aus Natron und Natriumphosphat hergestellt. Nur in Reformhäusern und Naturkostläden erhalten Sie phosphatfreies Weinsteinbackpulver. Es enthält als Säuerungsmittel die in Weintrauben und im Wein enthaltene Weinsäure, die bei der Weinherstellung gewonnen wird.

Sauerteig

Er ist das älteste Lockerungsmittel für Brote. In ihm wirken Sauerteighefen und Milchsäurebakterien. Wenn man dem Brotteig eine bestimmte Menge Sauerteig zusetzt, breitet sich unter Wärmeeinfluß seine Treibkraft auf den ganzen Teig aus. Woher bekommt der Hobbybäcker seinen Sauerteig? Wer einen freundlichen Bäcker kennt, erhält vielleicht von ihm ein bißchen Sauerteig oder setzt ihn selber an (siehe Seite 17). In Reformhäusern und Naturkostläden erhalten Sie fertigen Sauerteig in fester und flüssiger Form. Damit können Sie am einfachsten ein Sauerteigbrot herstellen.

Backferment

Eine dem Sauerteig ähnliche Gärhilfe stellt das Sekowa-Spezial-Backferment dar, das ebenfalls in erster Linie in Reformhäusern angeboten wird. Es erzielt die gleiche Wirkung wie Sauerteig, ist besonders mild im Geschmack und hat den Vorzug, daß es erheblich länger im Kühlschrank haltbar und verwendbar ist als Sauerteig. Im Gegensatz zum Sauerteig bietet das Backferment außerdem den Vorteil, daß man mit ihm aus allen Getreidesorten sowie aus Buchweizen, Soja und Maniok Brote backen kann. Brote, die mit Backferment gelockert worden sind, bleiben länger frisch als Hefegebäck und sind besonderes bekömmlich.

Hefe

Im Handel erhalten Sie abgepackt in den Kühlregalen Würfel mit Bäcker- oder Preßhefe; ein Würfel wiegt 42 Gramm. Mit Hefe zu arbeiten, ist leichter als viele annehmen. Wichtig zu wissen ist, daß Hefe weder Kälte noch Hitze verträgt. Sie kann ihre Treibkraft nur bei Temperaturen zwischen 35 und 40 Grad Celsius entfalten. Verwenden Sie deshalb alle Zutaten zimmerwarm; die Flüssigkeit soll handwarm sein, d. h. wenn Sie einen Finger in die Flüssigkeit tauchen, dürfen Sie keinen Temperaturunterschied feststellen. Außerdem sollte Hefe nie direkt mit Salz und Fett in Berührung kommen. Hefe mag keine Zugluft und möchte weder auf einer kühlen Marmorplatte noch mit kalten Händen bearbeitet werden. Achten Sie bei den Hefewürfeln auf die Frische: Hefe muß hell gelbgrau, leicht feucht und geschmeidig aussehen. Dunkel gefärbte und trockene Hefe besitzt keine Treibkraft. Außerdem muß Hefe angenehm riechen. Hefewürfel können nur wenige Tage im Kühlschrank aufbewahrt werden. Eine Alternative zu frischer Hefe stellen die Beutelchen mit Trockenhefe dar. Ein Beutel entspricht 25 Gramm Preßhefe. Diese Trockenhefe kann länger aufbewahrt werden (beachte das Haltbarkeitsdatum auf der Packung).

Grundansatz für Sauerteig

Wenn Sie den Sauerteig für Ihr Brot selber herstellen wollen, dann

● mischen Sie 250 Gramm Roggenmehl mit ¼ Liter lauwarmem Wasser und fügen 1 geriebene Zwiebel oder 2 Teelöffel Molke, Joghurt, Buttermilch oder Sauerkrautsaft hinzu.

● Diesen Brei verrühren Sie mit einem Holzlöffel in einer Schüssel und füllen alles in ein großes Einmachglas. Es darf nur bis zur Hälfte gefüllt sein. Das Glas wird mit einem Deckel verschlossen und an einem warmen Ort (30 bis 40 Grad Celsius) 2 bis 3 Tage stehen gelassen.

● Der Sauerteig ist fertig, wenn sich an seiner Oberfläche feine Risse und Gärungsbläschen zeigen. Der Teig schmeckt und riecht säuerlich.

Steht Ihr Sauerteigansatz zu kalt, können sich keine Milchsäurebakterien bilden, vielmehr bilden sich Essigsäuren: Der Teig riecht scharf und hat einen unangenehmen Geschmack. In diesem Fall müssen Sie den Sauerteig wegwerfen und einen neuen Versuch starten.

Der fertige Grundansatz reicht für mehrere Brote, denn Sie benötigen für ein Brot normalerweise nur 2 Eßlöffel (= 50 Gramm) Grundansatz. Die größere Menge des ersten Ansatzes ist wichtig, damit sich ausreichend viele Milchsäurebakterien bilden können. Sie können den Ansatz in einem Schraubglas im Kühlschrank etwa 2 Wochen aufbewahren und mehrmals damit Brot backen.

Sobald der erste Grundansatz aufgebraucht ist, müssen Sie nicht wieder von vorn beginnen. Das Verfahren ist wesentlich einfacher: Immer, wenn Sie ein Sauerteig- oder Backfermentbrot zubereiten, nehmen Sie ein Stück vom Teig ab, bevor es geformt wird, und bewahren diesen Teigrest in einem verschlossenen Schraubglas im Kühlschrank auf. Beim nächsten Backen wird er mit etwas Wasser verrührt und mit dem Mehl zum Vorteig gemischt.

Tip:

Mischen Sie 2 Eßlöffel vom ersten Sauerteigansatz mit soviel Roggenmehl, daß feste Krümel entstehen. Diesen trockenen Sauerteig können Sie in einem geschlossenen Schraubglas im Kühlschrank bis zu 3 Monaten aufbewahren. Er beginnt neu zu arbeiten, wenn Sie die Krümel mit Roggenmehl und Wasser neu ansetzen.

Für den Vorteig wird der Grundansatz mit Mehl und Wasser gemischt. Er muß 12 Stunden abgedeckt ruhen.

Den gärenden Vorteig mit allen im Rezept angegebenen Zutaten sorgfältig mischen.

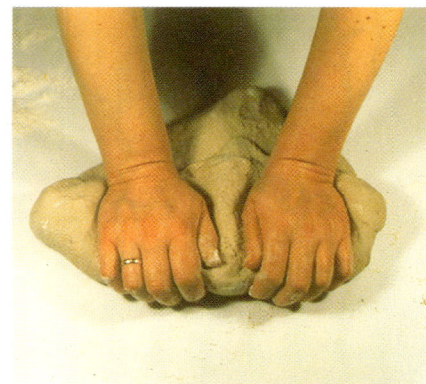

Den Hauptteig auf einer Arbeitsplatte 10 Minuten kneten, anschließend muß er abgedeckt 30 bis 60 Minuten ruhen.

Grundansatz für Sauerteig mit Backferment

Das Backferment ist ein trockenes Granulat aus Getreide und Honig. Zur Brotherstellung benötigen Sie neben dem Backferment einen daraus hergestellten Grundansatz. Diesen bereiten Sie nach der Anweisung zu, die jeder Backfermentdose beiliegt. Zur Not können Sie auch den zuvor beschriebenen selbstgemachten Sauerteigansatz verwenden. Der fertige Teig muß, im Gegensatz zum Sauerteig, nicht mehr solange geknetet werden.

Backfermentteige dürfen während der sich anschließenden Gärzeit nicht austrocknen. Aus diesem Grund muß die Teigschüssel entweder mit einem feuchten Tuch bedeckt werden oder die Teigführung sollte in einem geschlossenen Behälter ablaufen. Außerdem ist es von Vorteil, wenn die Gärung an einem warmen Ort stattfindet (Kochkiste, Sonne, warmes Wasserbad, Heizung). Da Backfermentbrote weicher sind als Hefe- und Sauerteigbrote, empfiehlt es sich, sie in Brotformen zu backen.

Der Vorteig

Bei allen Sauerteigbroten (auch mit Backferment) muß der Vorteig 12 Stunden gären. Es schadet nichts, wenn der Vorteig einige Stunden länger arbeitet, das Brot schmeckt dadurch etwas säuerlicher und kräftiger. Dagegen darf die Gärzeit nicht verkürzt werden, weil das Brot sonst „unausgegoren" mißlingen würde.

Den Vorteig (je nach Rezept) aus 300 bis 400 Gramm Mehl, Schrot oder einem Gemisch davon mit 300 bis 400 Milliliter 30 Grad warmem Wasser und 2 Eßlöffeln (= 50 Gramm) Sauerteig (= Grundansatz Sauerteig, Seite 17) oder 10 Gramm Grundansatz mit Backferment, siehe Seite 17 (1 gehäufter Teelöffel) und etwa 3 Gramm Backferment (1 gehäufter Teelöffel) ansetzen. (Grundansatz und Backferment werden in einem Teil des Wassers glattgerührt und anschließend mit dem restlichen Mehl und Wasser mit Hilfe eines Schneebesens gründlich gemischt.) Die Oberfläche des Vorteigs glattstreichen, und die Schüssel mit dem Vorteig in einer Plastiktüte über Nacht (mindestens 12 Stunden) bei Zimmertemperatur (20 bis 30 Grad) stehen lassen.

Am nächsten Morgen soll der Vorteig kräftig gären, d.h. auf der Oberfläche müssen zahlreiche Bläschen die nötige Reife anzeigen.

Wenn fertiger Sauerteig aus dem Reformhaus verwendet wird, muß kein Vorteig angesetzt werden. Richten Sie sich nach den Angaben in unseren Rezepten.

Der Hauptteig

Für den Hauptteig die angegebenen Mengen Mehl, Schrot, Wasser und Salz zum Vorteig geben und alles mit den Händen kräftig kneten. Falls der Teig an den Händen klebt, noch etwas Mehl hinzufügen. Der fertige Teig ist geschmeidig und elastisch und klebt nicht mehr an den Händen.

Schieben Sie den gekneteten Teig in einen Plastikbeutel und decken Sie ein sauberes Tuch darüber. Der Teig muß nun an einem etwa 40 Grad warmen Ort 60 Minuten gehen. Anschließend wieder mit etwas Mehl bestäuben und noch einmal kräftig kneten.

Nun können Sie dem Brotteig eine beliebige Form geben oder in eine gefettete Backform setzen. Auf jeden Fall soll der Teig noch einmal 60 Minuten an einem warmen Ort gehen bis sich sein Volumen verdoppelt hat.

Der Hefeteig

Der einfache Hefeteig besteht aus Mehl, Salz, Zucker, Hefe und Wasser oder Milch. Der schwere Hefeteig besteht aus Mehl, Salz, Zucker, Hefe, Wasser oder Milch, Eiern und Fett.

Beim einfachen Hefeteig wird das Mehl in eine Schüssel gesiebt, darüber streuen Sie Salz, Zucker, Preßhefe oder Trockenhefe (nach Rezeptangabe) und gießen die angegebene Menge lauwarmes Wasser oder lauwarme Milch dazu. Nun wird alles etwa 2 Minuten mit dem Knethaken des elektrischen Rührgeräts verarbeitet und dann mit den Händen solange geknetet, bis der Teig geschmeidig und elastisch ist und nicht mehr an den Händen klebt. Ist der Teig krümelig, geben Sie noch etwas Flüssigkeit hinzu, klebt er an den Händen, hilft etwas Mehl.

Bei einem schweren Hefeteig empfiehlt es sich, einen Vorteig (= Teigansatz oder Hefestück) anzusetzen. Dafür wird das Mehl wieder in eine Schüssel gesiebt. Mit einem Löffel drücken Sie eine Mulde und geben die zerkleinerte Preßhefe und die Trockenhefe mit etwas Zucker und etwa $1/2$ Tasse lauwarmes Wasser oder lauwarme Milch dazu. Jetzt wird die Hefe mit etwas Mehl vom Rand glattgerührt. Den Vorteig abgedeckt an einem warmen Ort 15 Minuten gehen lassen, bis das Hefestück blasig aufgegangen ist. Streuen Sie etwas Mehl darüber, fügen Sie die im Rezept angegebenen zimmerwarmen (!) Zutaten hinzu, und kneten Sie den Teig, bis er geschmeidig und elastisch ist und nicht mehr an den Händen klebt. Auf diese Weise können Sie auch einen einfachen Hefeteig herstellen.

Eine andere Möglichkeit sieht vor, daß die Preßhefe oder Trockenhefe mit etwas Zucker, lauwarmer Flüssigkeit und etwas Mehl glattgerührt wird. Dieser Hefebrei wird in die Mehlmulde gegossen, die Schüssel abgedeckt und weiter behandelt wie oben beschrieben, oder es werden gleich alle Zutaten mit dem Hefebrei verrührt und geknetet.

Egal, für welche Art Sie sich entscheiden. Wenn Sie den Hefeteig gut geknetet haben, streuen Sie die Schüssel mit etwas Mehl aus, legen die Teigkugel hinein, decken ein Tuch darüber und lassen den Teig 30 bis 60 Minuten an einem warmen Ort gehen, bis er sich verdoppelt hat. Danach wird der Hefeteig noch einmal durchgeknetet, geformt oder in eine gefettete Form gesetzt, wo er noch einmal 15 bis 30 Minuten gehen muß, bevor er in den heißen Ofen geschoben wird.

Wenn alle Zutaten für den Hefeteig miteinander verknetet sind, formt man eine Kugel und läßt den Teig ruhen, bis sich sein Volumen verdoppelt hat.

Gebröselter Hefeteig für Pizza, Quiche und Tarte

400 Gramm Mehl in eine Schüssel sieben, eine Mulde drücken und dort hinein 1 Päckchen Trockenhefe, $1 1/2$ Teelöffel Salz und 1 Teelöffel Zucker geben. 100 Gramm Butter in Flöckchen auf den Mehlrand setzen und das Ganze mit den Händen zu Bröseln verarbeiten. Nach und nach etwa $1/8$ Liter lauwarme Milch und 2 Eßlöffel Öl dazugeben und alles zu einem glatten Teig verarbeiten. Die glatte Teigkugel in eine bemehlte Schüssel legen, abdecken und an einem warmen Ort 30 Minuten gehen lassen.

Vollkornhefeteig für Pizza, Quiche und Tarte

400 Gramm Weizenvollkornmehl in eine Schüssel sieben (die übrigbleibende Kleie nach Geschmack wieder unters Mehl mischen). Mit einem Löffel eine Mulde ins Mehl drücken und dort hinein 30 Gramm frische Preßhefe bröckeln, 1 Teelöffel Zucker hinzufügen und mit etwas lauwarmem Wasser den Vorteig anrühren. Die Schüssel mit einem Tuch abdecken und 15 Minuten ruhen lassen. Den Vorteig mit etwas Mehl bestäuben, einen guten halben Teelöffel Salz und etwa $1/8$ Liter lauwarme Milch sowie 2 Eßlöffel zerlassene Butter hinzufügen und alles kräftig kneten. Die Schüssel mit Mehl ausstreuen und die Teigkugel hineinsetzen, abdecken und 30 Minuten an einem warmen Ort gehen lassen.

Mürbeteig

250 Gramm Mehl mit 1 Teelöffel Salz, 100 Gramm eiskalten Butterflöckchen, 25 Gramm kalten Schweineschmalzflöckchen (oder 125 Gramm Butter) und 1 Eigelb sowie etwas Eiswasser (aus Eiswürfeln) rasch zu einem glatten Teig verkneten, in Klarsichtfolie wickeln und mindestens 30 Minuten im Kühlschrank ruhen lassen. Anschließend zwischen Klarsichtfolie dünn ausrollen.
Diese Teigmenge reicht für 1 Spring-, Pie- oder Quicheform.

Vollkornmürbeteig

250 Gramm Weizenvollkornmehl mit 1 Teelöffel Salz, 100 Gramm eiskalten Butterflöckchen und 25 Gramm kalten Schweineschmalzflöckchen (oder 125 Gramm Butter) und 1 Ei sowie etwas Eiswasser (aus Eiswürfeln) rasch zu einem glatten Teig verkneten, in Klarsichtfolie wickeln und mindestens 60 Minuten im Kühlschrank ruhen lassen. Anschließend zwischen Klarsichtfolie dünn ausrollen.
Diese Teigmenge reicht für 1 Spring-, Pie- oder Quicheform.

Gebäck aus Vollkornmürbeteig schmeckt besonders kräftig.

Quark-Öl-Teig

125 Gramm Magerquark in einem Sieb 60 Minuten gut abtropfen lassen. Anschließend den Quark mit 5 Eßlöffel gutem Öl, 5 Eßlöffeln Milch und $1/2$ Teelöffel Salz glattrühren. 200 Gramm Mehl mit $1/2$ Päckchen Backpulver mischen und unter die Quarkmischung geben. Anschließend zwischen Klarsichtfolie dünn ausrollen.
Diese Teigmenge reicht sowohl für 1 Spring-, Pie- oder Quicheform.

Strudelteig

200 Gramm Mehl in eine Schüssel sieben, mit einem Löffel eine Mulde drücken und dort hinein 15 Gramm flüssige Butter gießen. Ein kleines Ei mit gut $1/4$ Tasse lauwarmem Wasser und knapp $1/2$ Teelöffel Salz mischen und über das Mehl gießen. Zuerst den Teig mit einem Holzlöffel mischen, dann gut 10 Minuten mit den Händen kneten und schlagen. Den fertigen, glatten Teig auf ein bemehltes Holzbrett legen und mit einer warmem Schüssel abdecken und 30 Minuten ruhen lassen.
Den Strudelteig auf einem bemehlten Tuch ausrollen, dann von innen nach außen mit den Handrücken hauchdünn ausziehen, so daß man „darunter eine Zeitung lesen kann".

Brandteig

$1/4$ Liter Wasser mit 60 Gramm Butter und 1 Prise Salz zum Kochen bringen. 150 Gramm Mehl mit 1 Eßlöffel Speisestärke und 1 Teelöffel Backpulver mischen und in das heiße Butterwasser geben. Den Teig solange rühren und erhitzen, bis sich auf dem Topfboden ein heller Belag gebildet hat. Den Brandteig sofort in eine Schüssel umfüllen und nacheinander 4 bis 5 Eier unterrühren. Der Teig ist richtig, wenn er schwer vom Löffel reißt und dabei lange Spitzen bildet.
Ein Teil des Mehls kann durch Buchweizen- oder Grünkernmehl ersetzt werden.

Blätterteig

Hausgemachter Blätterteig schmeckt besonders gut, aber weil die Herstellung außerordentlich schwierig ist, empfiehlt es sich, Blätterteig tiefgekühlt zu kaufen. Die einzelnen Blätter werden für 10 Minuten nebeneinander gelegt und angetaut. Anschließend können die Platten zwischen Klarsichtfolie oder auf einem bemehlten Tuch ausgerollt werden. Blätterteig darf nicht zusammengeknetet, sondern nur übereinander gelegt werden. Die einzelnen Teigblätter können leicht überlappend zusammengelegt und dann ausgerollt werden. Wird das ungebackene Gebäck mit Eigelb oder Milch bestrichen, so müssen die Kanten frei bleiben, sonst können sie nicht blättrig aufgehen. Die Oberfläche gefüllter Blätterteigtaschen wird vor dem Backen mit einer Gabel mehrmals eingestochen.

Pizzateig 1

500 Gramm Mehl in eine Schüssel sieben, eine Mulde drücken und dort hinein 30 Gramm Preßhefe bröckeln, anschließend $1/2$ Teelöffel Zucker hinzufügen und etwas lauwarme Milch. Die Hefe mit etwas Mehl vom Rand glattrühren, die Schüssel abdecken und 15 Minuten ruhen lassen. Dann 2 zimmerwarme Eigelbe, 1 Teelöffel Salz, 1 Teelöffel Kräuter der Provence und knapp 1 Tasse lauwarme Milch dazugeben. Alle Zutaten mit den Händen kräftig kneten und 30 Minuten gehen lassen, dann ausrollen.
Diese Teigmenge reicht für 1 Backblech oder 4 runde Pizzen.

Pizzateig 2

400 Gramm Mehl in eine Schüssel sieben, eine Mulde drücken und 30 Gramm Preßhefe hineinbröckeln, $1/2$ Teelöffel Zucker und etwas lauwarmes Wasser hinzufügen. Die Hefe mit etwas Mehl vom Rand glattrühren und abgedeckt 15 Minuten ruhen lassen, anschließend knapp $1/4$ Liter lauwarmes Wasser, gut 1 Teelöffel Salz und 2 bis 3 Eßlöffel Olivenöl dazugeben. Den Teig kräftig kneten und abgedeckt 30 Minuten gehen lassen, dann ausrollen.
Diese Teigmenge reicht für 1 Backblech oder 4 runde Pizzen.

Tips und Tricks zum Brotbacken

● Vollkornmehle, aber auch Auszugsmehle benötigen je nach Alter und Qualität mehr oder weniger Flüssigkeit. Deshalb können unsere Angaben nur Richtwerte sein.

● Brot- und Brötchenteig wird am besten von Anfang an mit der Hand geknetet. Dadurch entwickeln Sie am leichtesten das richtige Gefühl für die Teigbeschaffenheit. Selbst wenn der Teig zu Beginn des Knetens an Ihren Händen und ander Schüssel klebt, nach 5 oder 10 Minuten ist er glatt, geschmeidig und elastisch.

● Das A und O beim Brot- und Brötchenteig ist das Kneten. 10 Minuten sollten Sie dafür schon aufwenden. Aber nicht nur die Dauer des Knetens ist entscheidend. Der Teig sollte auch gleichmäßig durchgearbeitet werden.

● Von ebenso großer Bedeutung wie das Kneten ist das Gehen des Teigs. Hefe- und Sauerteig brauchen dafür eine Temperatur zwischen 20 und 40 Grad.

● Um eine schöne Kruste zu erhalten, werden die ungebackenen Brote und Brötchen mit einem Messer bis zu 1 Zentimeter tief eingeschnitten. Sehr flache Gebäcke werden mit einer Gabel eingestochen. Mit etwas Wasser oder Öl verquirltes Eigelb sorgt für eine goldgelbe Kruste. Die Teigoberfläche kann auch mit Kaffee, Milch oder Eiweiß bestrichen werden. Werden Brot oder Brötchen nach dem Backen mit warmem Wasser überpinselt, erhalten sie einen sanften Glanz und eine kräftige Kruste.

● Für eine weiche Kruste stellen Sie eine feuerfeste Schale mit kochendem Wasser auf den Boden des Backofens.

● Brote in Backformen ruhen nach dem Backen 5 Minuten in der Form, bevor sie gestürzt auf einem Kuchengitter auskühlen.

● Wenn das Brot nicht richtig aufgeht, war die Hefe alt, oder der Teig wurde nicht lange genug geknetet, oder die Flüssigkeitzufuhr stimmt nicht.

● Wenn das Brot auseinanderreißt, wurde es nicht lange genug geknetet oder die Teigoberfläche wurde nicht mit Wasser befeuchtet.

● Wenn das Brot nach dem Backen zusammenfällt, ist es zu lange gegangen oder stand beim Gehen zu kühl.

● Wenn das Brot beim Backen auseinanderläuft, dann war der Teig zu weich, der Teig wurde zu kurz geknetet oder er wurde in den kalten Backofen geschoben.

Helle Brote mit Weizen

*Wer behauptet, daß Weißbrot immer wie Weißbrot
schmecken muß? Sicher, die meisten Weizen- und Weizen-
mischbrote werden mit Hefe gebacken. Aber wir mischen
dem Feinsten alle Mehle zusätzlich eine gute Portion
Haferflocken, Reismehl oder Buchweizengrütze, Gewürze
oder Nüsse bei. Was dabei herauskommt, trägt so klangvolle
Namen wie Kokosflocken-Fladenbrot, ungarisches
Sandwichbrot, Holsteiner Feinbrot, englisches Teebrot,
Safran-Buttermilch-Zopf, nicht zu vergessen das
heißgeliebte französische Baguette.*

*Haferstangenbrot,
Rezept Seite 24*

Haferstangenbrot

Für 3 Stangen

750 g Weizenmehl Type 550
1 Würfel Hefe
1 TL Zucker
etwa ¹/₂ l lauwarme Milch
250 g kernige Haferflocken (z. B. von Kölln)
3 TL Salz
60 g weiche Butter
1 Ei
etwas Mehl zum Bearbeiten
Butter fürs Backblech
3 EL kernige Haferflocken

1. Das Mehl in eine Schüssel sieben und mit einem Löffel eine Mulde drücken.
2. Die Hefe in die Mulde bröckeln und mit dem Zucker bestreuen. Etwas lauwarme Milch zur Hefe gießen und mit etwas Mehl vom Rand zu einem Brei verrühren.
3. Die Schüssel abdecken und an einem warmen Ort 15 Minuten ruhen lassen.
4. Wenn das Hefestück schön blasig aufgegangen ist, etwas Mehl darüberstreuen.
5. Die kernigen Haferflocken, das Salz, in Flöckchen die weiche Butter und das Ei auf den Rand setzen und fast die ganze restliche lauwarme Milch darübergießen und alles mit den Händen 10 Minuten kneten. Wenn der Teig krümelt, noch etwas Milch dazugeben, ist er zu feucht, hilft dagegen etwas Mehl.
6. Etwas Mehl in die Schüssel streuen, die Teigkugel hineinsetzen, abdecken und an einem warmen Ort 30 bis 45 Minuten gehen lassen, bis sich das Teigvolumen verdoppelt hat.
7. Den gegangenen Teig noch einmal kurz durchkneten und in 3 Stücke teilen. Jedes Stück zu Stangen (Backblechlänge) rollen und auf das eingefettete oder mit Backpapier ausgelegte Backblech setzen.
8. Die Stangen mit lauwarmem Wasser bestreichen und abgedeckt nochmals 15 Minuten an einem warmen Ort ruhen lassen. Anschließend jedes Brot mit etwa 1 cm tiefen Querschnitten versehen, nochmals mit lauwarmem Wasser bestreichen, mit den kernigen Haferflocken bestreuen und im vorgeheizten Backofen bei 220 Grad (Gas Stufe 4) 25 bis 30 Minuten backen.
(Foto Seite 22/23)

DER GUTE TIP

Statt Weizenmehl der Type 550 können Sie natürlich auch ein Weizenmehl der Type 1050 verwenden. Nach Geschmack können Sie einem hellen Weizenmehl auch eine beliebige Menge Weizenvollkornmehl oder Weizenvollkornschrot beimischen. Vollkornmehle müssen immer etwas länger geknetet werden, und sie brauchen etwas mehr Flüssigkeit.

Ostpreußisches Weizenbrot

Für etwa 16 Scheiben

375 g Weizenmehl Type 405
¹/₄ l heiße Milch
375 g Weizenmehl Type 1050
¹/₂ Würfel Hefe
80 g Zucker
¹/₄ l lauwarme Milch
1 TL Salz
1 P. Vanillezucker
1 EL Rosenwasser (aus der Apotheke)
¹/₂ TL Kardamom, gemahlen
abgeriebene Schale von 1 Zitrone
125 g zerlassene Butter oder Margarine
etwas Mehl zum Bearbeiten
Butter für die Form
1 Ei

1. Das Mehl der Type 405 in eine Schüssel sieben und mit der heißen Milch glattrühren. Dann abkühlen lassen.
2. Die andere Mehlsorte in eine Schüssel sieben, mit einem Löffel eine Mulde drücken und dort hinein die Hefe bröckeln. Die Hefe mit 1 Teelöffel Zucker bestreuen und alles mit etwas Mehl vom Rand und ein wenig lauwarmer Milch zu einem Brei rühren. Die Schüssel abdecken und an einem warmen Ort 15 Minuten ruhen lassen.
3. Wenn das Hefestück schön blasig aufgegangen ist, etwas Mehl darüberstreuen, dann das Salz, den restlichen Zucker, den Vanillezucker, das Rosenwasser, die restliche Milch, Kardamom und Zitronenschale, die Butter oder Margarine sowie den lauwarmen, gebrühten Teig dazugeben. Alles etwa 10 Minuten zu einem geschmeidigen Teig verkneten. Nach Bedarf noch etwas Mehl hinzufügen.
4. Die Schüssel mit Mehl bestreuen, den Teig hineinsetzen, abdecken und an einem warmen Ort 45 Minuten gehen lassen, bis sich der Umfang verdoppelt hat.
5. Den Teig noch einmal kurz durchkneten. Eine längliche Backform (35 cm) oder 2 kleinere Backformen gut einfetten und den Teig einfüllen.
6. Das Ei mit etwas Wasser verrühren und die Oberfläche des Brotes oder der Brote damit bestreichen. Das Brot offen an einem warmen Ort noch einmal 20 Minuten gehen lassen. Anschließend im vorgeheizten Backofen bei 200 Grad (Gas Stufe 3) 45 bis 50 Minuten backen. 10 Minuten vor Ende der Backzeit das Brot nochmals mit dem Ei bestreichen.
7. Falls die Oberfläche zu schnell bräunt, empfiehlt es sich, das Brot in der zweiten Hälfte der Backzeit mit einem Bogen Alufolie abzudecken.
8. Das fertige Brot nach dem Backen 5 Minuten in der Form ruhen lassen, dann auf ein Kuchengitter stürzen und völlig auskühlen lassen. Dieses helle Brot schmeckt am besten mit einem süßen Aufstrich.
(Foto Seite 25)

Kräutermischbrot

Für etwa 12 Scheiben

300 g Weizenmehl Type 550
200 g Roggenmehl Type 1370
$^1/_2$ Würfel Hefe
1 TL Zucker
$^1/_4$ l lauwarmes Wasser oder
lauwarme Buttermilch
35 g zerlassene Butter oder
Margarine
1 Eigelb
2 TL Salz
etwas Mehl zum Bearbeiten
1 Bund Petersilie
1 Bund Dill
1 Zweig Basilikum
1 Zweig Majoran
1 TL Kümmel
1 TL Pfeffer, geschrotet
Butter fürs Backblech

1. Die beiden Mehle in einer Schüssel mischen und mit einem Löffel eine Mulde drücken. Dort hinein die Hefe bröckeln und mit dem Zucker bestreuen. Anschließend etwas lauwarmes Wasser dazugießen und mit ein wenig Mehl vom Rand zu einem Brei rühren.
2. Die Schüssel abdecken und 15 Minuten an einem warmen Ort ruhen lassen.
3. Wenn das Hefestück schön blasig aufgegangen ist, etwas Mehl darüberstreuen, das restliche lauwarme Wasser, das zerlassene Fett, das Eigelb und das Salz dazugeben. Alles gut 10 Minuten verkneten.
4. Etwas Mehl in die Schüssel streuen und den Teig

darin abgedeckt an einem warmen Ort 60 Minuten gehen lassen, bis er sich verdoppelt hat.
5. Inzwischen die gewaschenen und trockengeschleuderten Kräuter mittelfein hacken und mischen.
6. Die Kräuter mit dem Kümmel und dem Pfeffer zum Teig geben und noch einmal kurz durchkneten. Dann daraus einen länglichen Laib formen.
7. Ein Backblech mit Backpapier auslegen oder mit Butter einfetten, das Brot daraufsetzen und nochmals 20 Minuten gehen lassen, dann mit lauwarmem Wasser bestreichen und mit einem scharfen Messer mehrere längliche Schnitte

anbringen. Das Brot im vorgeheizten Backofen bei 200 Grad (Gas Stufe 3) 35 bis 40 Minuten backen.
8. Das heiße Brot aus dem Ofen nehmen, auf ein Kuchengitter stellen und sofort mit etwas Wasser bepinseln. Dieses würzige Brot schmeckt mit frischer Butter, Quarkzubereitungen und Käseaufschnitt.
(Foto Seite 26)

Safran-Buttermilch-Zopf

Für etwa 12 Scheiben

500 g Weizenmehl Type 405
oder Weizenvollkornmehl
$^1/_2$ Würfel Hefe
1 TL Zucker
etwa $^1/_4$ l zimmerwarme
Buttermilch
2–3 EL Zucker
1 TL Salz
1 P. Vanillezucker
etwas abgeriebene
Zitronenschale
1 Döschen Safran
125 g weiche Butter oder
Margarine
etwas Mehl zum Bearbeiten
Butter fürs Backblech
1 Ei

1. Das Mehl in eine Schüssel sieben und mit einem Löffel eine Mulde drücken. Dort hinein die Hefe bröckeln und mit dem Zucker bestreuen.
2. Etwas lauwarme Buttermilch über die Hefe gießen

und mit ein wenig Mehl vom Rand zu einem Brei verrühren.

3. Die Schüssel abdecken und an einem warmen Ort 15 Minuten ruhen lassen.

4. Wenn das Hefestück schön blasig aufgegangen ist, etwas Mehl darüberstreuen, dann fast die restliche lauwarme Buttermilch, Zuckermenge nach Geschmack, Salz, Vanillezucker und etwas abgeriebene Zitronenschale dazugeben.

5. Das Safranpulver in 1 Teelöffel heißem Wasser auflösen, dann über den Teig gießen. Die Butter oder Margarine dazugeben. Alles zu einem lockeren Teig verkneten und nach Bedarf etwas Mehl oder etwas lauwarme Buttermilch hinzufügen.

6. Die Schüssel mit Mehl bestäuben und die Teigkugel hineinsetzen, abdecken und an einem warmen Ort 30 Minuten gehen lassen.

7. Den gegangenen Teig nochmals kurz durchkneten und dann in drei gleich große Stücke teilen, die zu etwa 60 cm langen Rollen geformt werden.

8. Aus den 3 Teigsträngen einen Zopf flechten und auf das eingefettete Backblech setzen.

9. Das Ei mit etwas Wasser verrühren und den Zopf damit bestreichen, offen an einem warmen Ort 30 Minuten gehen lassen, dann nochmals mit dem Ei bestreichen.

10. Den Zopf in den 220 Grad (Gas Stufe 4) heißen Backofen schieben und die Temperatur sofort auf 200 Grad (Gas Stufe 3) herunterschalten. Den Zopf 30 bis 35 Minuten backen. Falls der Zopf zu schnell bräunt, empfiehlt es sich, ihn die zweite Hälfte der Backzeit mit einem Bogen Alufolie oder Butterbrotpapier abzudecken. 5 Minuten vor Backende das Gebäck mit dem restlichen Ei bestreichen.
(Foto Seite 27)

DER GUTE TIP

Wollen Sie Ihre Familie am Sonntagmorgen mit einem besonderen Sonntagszopf überraschen, dann bestreuen Sie ihn vor dem Backen und nach dem Bestreichen mit Ei mit einigen Mandelblättchen oder gehackten Pistazien.
Wenn in diesem Buch abgeriebene Zitronen- oder Orangenschale verwendet wird, so benötigen Sie dafür immer unbehandelte Früchte.

Basilikumbrot

Für etwa 10 Scheiben

100 g Quark (20 % Fett)
1 TL Knoblauchsalz
2 kleine Eier
2 EL Olivenöl
300 g Weizenmehl Type 550
$^1/_2$ P. Backpulver
etwas Mehl zum Bearbeiten
Olivenöl zum Bestreichen
Butter für die Form

Füllung:

4 Bund Basilikum
3 Frühlingszwiebeln, gehackt
1 TL Olivenöl
1 Eigelb

1. Den Quark 30 Minuten in einem Sieb abtropfen lassen, dann durch das Sieb in eine Schüssel streichen und mit den restlichen Zutaten verrühren.
2. Ein Küchentuch mit etwas Mehl bestreuen und den Teig darauf zu einem 16 mal 40 cm großen Rechteck ausrollen. Dann mit etwas Olivenöl bestreichen. Aus den Teigresten kleine Plätzchen ausstechen.
3. Eine Kastenform (etwa 10 mal 16 cm) mit der Butter einfetten.
4. Für die Füllung das Basilikum von den Stielen zupfen, waschen und trockenschleudern, dann mittelfein hacken.
5. Die Frühlingszwiebeln in dem Öl weich schmoren, dann mit dem Basilikum mischen, auf den Teig streichen und aufrollen. Mit der Nahtstelle nach unten in die Form setzen und die Oberseite leicht einschneiden. Die Plätzchen mit etwas Eigelb festkleben.
6. Das Basilikumbrot im vorgeheizten Backofen bei 180 Grad (Gas Stufe 2) 30 bis 35 Minuten backen.
(Foto Seite 28/29: rechts unten)

Speckbrot

Für etwa 14 Scheiben

300 g Bacon (Frühstücksspeck)
1 Bund Petersilie, gehackt
1 TL Thymian, getrocknet
1 TL Estragon, getrocknet
500 g Weizenmehl Type 550
30 g Hefe
1 TL Zucker
$^1/_4$ l Kefir, zimmerwarm
1 TL Kräutersalz
5 EL Sonnenblumenöl
etwas Mehl zum Bearbeiten
Butter fürs Backblech
1 Eigelb

1. Den Bacon kleinschneiden und in einer Pfanne knusprig ausbraten. Anschließend mit allen Kräutern mischen.
2. Das Mehl in eine Schüssel sieben, mit einem Löffel eine Mulde drücken und die Hefe hineinbröckeln, mit dem Zucker bestreuen, etwas lauwarmen Kefir dazugießen und mit ein wenig Mehl vom Rand einen Brei rühren. Die Schüssel abdecken und an einem warmen Ort 15 Minuten ruhen lassen.
3. Wenn die Hefe schön blasig aufgegangen ist, die restlichen Zutaten dazugeben und alles etwa 10 Minuten kneten. Dann in eine bemehlte Schüssel legen, abdecken und an einem warmen Ort 40 Minuten gehen lassen.
4. Anschließend den Teig mit den Kräutern und dem Speck kurz durchkneten, einen länglichen Laib formen und auf ein eingefettetes Backblech setzen.
5. Das Eigelb mit etwas Wasser mischen und das Brot damit bestreichen. Offen nochmals 15 Minuten gehen lassen, dann mit dem rest-

Brioche

Für 8 Portionen

500 g Weizenmehl Type 405
30 g Hefe
1 TL Zucker
etwa $^1/_8$ l lauwarme Milch
150 g weiche Butter oder
Margarine
50 g Zucker
gut 1 TL Salz
1 Ei
4 Eigelb
etwas abgeriebene
Zitronenschale
etwas Mehl zum Bearbeiten
Butter für die Form
1 Eigelb

1. Das Mehl in eine Schüssel sieben und aus allen angegebenen Zutaten wie auf dieser Doppelseite beschrieben einen Hefeteig herstellen und 30 Minuten gehen lassen.
2. Den gegangenen Teig nochmals durchkneten, zu einer Kugel formen und auf ein gefettetes Backblech setzen. Eine kleine Backform in die Mitte drücken, damit der Teig seine Form behält.
3. Das Eigelb mit etwas Wasser verrühren und den Teig damit bestreichen. Vor dem Backen nochmals 15 Minuten gehen lassen. Im vorgeheizten Backofen bei 200 Grad (Gas Stufe 3) 30 bis 35 Minuten backen.

Schweizer Frühstücksbrot

Für etwa 12 Scheiben

500 g Weizenmehl Type 550
$^1/_2$ Würfel Hefe
1 TL Zucker
knapp $^3/_8$ l lauwarme Milch
1 TL Salz
60 g flüssige Butter oder
Margarine
etwas Mehl zum Bearbeiten
Butter für die Form
1 Eigelb
1 TL Olivenöl
25 g Emmentaler, gerieben

1. Das Mehl in eine Schüssel sieben und mit den angegebenen Zutaten wie auf dieser Doppelseite beschrieben einen Hefeteig herstellen und gehen lassen.
2. Eine Kastenform (24 mal 14 cm) einfetten und die Hälfte des Teigs hineinsetzen. Aus dem restlichen Teig acht Kugeln formen und auf den Teig setzen.
3. Das Eigelb mit etwas Öl mischen und die Teigkugeln damit bestreichen, dann an einem warmen Ort 15 Minuten gehen lassen.
4. Im vorgeheizten Backofen bei 200 Grad (Gas Stufe 3) 35 bis 40 Minuten backen. 15 Minuten vor Ende der Backzeit die Oberflächen mit dem restlichen Eigelb bestreichen und mit dem Käse bestreuen.
(Foto Seite 28/29: rechts oben)

lichen Eigelb bestreichen und einige Querschnitte auf der Oberfläche anbringen. Anschließend das Speckbrot im vorgeheizten Backofen bei 200 Grad (Gas Stufe 3) 30 bis 35 Minuten backen.
(Foto Seite 28/29: links unten)

--- *DER GUTE TIP* ---

Falls kein Bacon erhältlich sein sollte, kann man ruhig auch eine andere Schinkensorte verwenden.

Steinpilzbrot mit Nüssen

Für etwa 10 Scheiben

30 g getrocknete Steinpilze
100 g Haselnüsse
300 g Weizenmehl Type 550
1/2 Würfel Hefe
1/2 TL Zucker
etwa 150 ml lauwarme Milch
1 TL Salz
3 EL Steinpilzöl oder Haselnußöl
1 Msp. Nelkenpulver
etwas Mehl zum Bearbeiten
Butter fürs Backblech
etwas Milch zum Bestreichen

1. Die Steinpilze 30 Minuten in heißem Wasser einweichen, dann abgießen und grob schneiden. Die Haselnüsse in einer Pfanne rösten, halbieren und abkühlen lassen. Haselnüsse und Pilze mischen.

2. Das Mehl in eine Schüssel sieben, mit einem Löffel eine Mulde drücken und die Hefe hineinbröckeln, den Zucker hinzufügen und mit etwas lauwarmer Milch und ein wenig Mehl vom Rand zu einem Brei verrühren. Die Schüssel abdecken und 15 Minuten ruhen lassen.

3. Das Hefestück mit etwas Mehl bestäuben, die restliche Milch, Salz und Öl sowie die Gewürze hinzufügen und alles zu einem elastischen Teig verkneten. Anschließend in eine bemehlte Schüssel legen, abdecken und 30 Minuten gehen lassen.

4. Den gegangenen Teig mit den Pilzen und den Nüssen verkneten und zu einem Laib formen, auf das gefettete Backblech setzen, mit etwas Milch bestreichen, mit einem Messer kreuzweise einschneiden. Das Brot 15 Minuten gehen lassen und nochmals mit der Milch bestreichen und im vorgeheizten Backofen bei 200 Grad (Gas Stufe 3) 30 bis 35 Minuten backen. *(Foto Seite 30 links)*

Mohnbrot

Für etwa 12 Scheiben

350 g Weizenmehl Type 550
150 g Weizenmehl Type 1050
30 g Hefe
1 TL Zucker
etwa 1/4 l lauwarmes Wasser
1 TL Salz
1 TL Essig
4 EL zerlassene Butter
etwas Mehl zum Bearbeiten
1 Eiweiß
Mohn zum Bestreuen
Butter fürs Backblech

1. Die beiden Mehlsorten in einer Schüssel mischen, zusammen mit der Hefe, dem Zucker, dem lauwarmen Wasser, dem Essig und der flüssigen Butter einen Hefeteig herstellen wie auf dieser Seite beschrieben.

2. Den gegangenen Teig nochmals durchkneten, einen länglichen Laib formen und auf ein mit Butter eingefettetes Backblech setzen.

3. Das Eiweiß leicht anschlagen und den Brotlaib damit bestreichen, 30 Minuten gehen lassen, nochmals bestreichen und mit etwas Mohn bestreuen. Einige diagonale Einschnitte anbringen und im vorgeheizten Backofen bei 200 Grad (Gas Stufe 3) 35 bis 40 Minuten backen. *(Foto Seite 30 rechts)*

Sonntagsbrot

Für etwa 20 Scheiben

1 kg Weizenmehl Type 550
1 Würfel Hefe
1 TL Zucker
etwa ¹/₄ l lauwarme Milch
3 TL Salz
etwas abgeriebene
Zitronenschale
250 g zerlassene Butter oder
Margarine
1 Ei
etwas Mehl zum Bearbeiten
Butter für die Form

1. Aus dem Mehl, der Hefe, Zucker, Milch, Salz, Zitronenschale, der flüssigen Butter und dem Ei einen Hefeteig wie auf Seite 30 beschrieben herstellen.
2. Den gegangenen Teig nochmals durchkneten. Eine Kastenform mit etwas Butter einfetten und den Teig einfüllen. Mit einem Messer kreuzförmige Einschnitte anbringen und die Oberfläche mit lauwarmem Wasser bestreichen. Nochmals 30 Minuten gehen lassen. Im vorgeheizten Backofen bei 180 Grad (Gas Stufe 2) 60 bis 65 Minuten backen. Anschließend mit etwas Wasser bepinseln.
(Foto Seite 31 links)

DER GUTE TIP

Sie können aus allen Teigen in diesem Kapitel nicht nur die vorgeschlagenen Brote backen, sondern nach Belieben auch runde oder ovale Brötchen. Für die kleineren Brötchen verringert sich die Backzeit um etwa die Hälfte.

Weißbrot aus der Provence

Für etwa 10 Scheiben

1 Zwiebel
1 TL Butter
350 g Weizenmehl Type 550
50 g kernige Haferflocken
15 g Hefe
¹/₂ TL Zucker
etwa ¹/₈ l Buttermilch,
zimmerwarm
1 TL Salz
2 EL Olivenöl
1 P. TK provençalische
Kräutermischung
etwas Mehl zum Bearbeiten
Milch zum Bestreichen
Butter für die Form

1. Die geschälte Zwiebel fein hacken und in der Butter bei milder Hitze weich schmoren.
2. Aus dem Weizenmehl, den Haferflocken, Hefe, Zucker, Buttermilch, Salz und Olivenöl einen Hefeteig wie auf Seite 30 beschrieben herstellen.
3. Den gegangenen Teig mit den Zwiebeln und den aufgetauten Kräutern verkneten. Eine Kastenform einfetten und den Teig einfüllen. In der Mitte einen 1 cm tiefen Schnitt anbringen und die Oberfläche mit Milch bestreichen.
4. Vor dem Backen den Teig nochmals 15 Minuten gehen lassen, dann im vorgeheizten Backofen bei 200 Grad (Gas Stufe 3) 40 bis 45 Minuten backen.
(Foto Seite 31 rechts)

Zwiebelbrot

Für etwa 16 Scheiben

500 g Weizenmehl Type 1050
250 g Roggenmehl Type 815
1 Würfel Hefe
1 TL Zucker
etwa 1/4 l lauwarmes Wasser
1 Beutel Hensels Natursauerteig (150 g), aus dem Reformhaus
3 TL Salz
1 TL Pfeffer, geschrotet
1/4 TL Koriander, geschrotet
1/4 TL Kardamom, geschrotet
etwas Mehl zum Bearbeiten
2 Beutel Röstzwiebeln (etwa 80 g)
Schweineschmalz fürs Backblech

1. Die beiden Mehlsorten in eine Schüssel sieben und mit einem Löffel eine Mulde drücken. Dort hinein die Hefe bröckeln und mit dem Zucker bestreuen. Anschließend etwas lauwarmes Wasser dazugießen und mit wenig Mehl vom Rand einen Brei rühren. Die Schüssel abdecken und an einem warmen Ort 15 Minuten ruhen lassen.
2. Wenn das Hefestück schön blasig aufgegangen ist, etwas Mehl darüberstreuen und das restliche lauwarme Wasser dazugießen und mit dem Mehl verrühren.
3. Den Beutel mit dem Sauerteig für 15 Minuten in warmes Wasser legen, den Beutelinhalt gut schütteln und dann zum Teig in die Schüssel gießen, Salz, Pfeffer, Koriander und Kardamom (Gewürze im Mörser zerkleinern) dazugeben und alles gründlich verkneten.
4. Ein wenig Mehl in die Schüssel streuen und die Teigkugel hineinsetzen, mit einem Tuch abdecken und 45 Minuten an einem warmen Ort ruhen lassen.
5. Die Röstzwiebeln über den Teig streuen und alles nochmals gut durchkneten, einen länglichen Laib formen und einige schräge Einschnitte anbringen.
6. Ein Backblech mit Schweineschmalz einfetten und das Brot daraufsetzen. Nochmals 15 Minuten gehen lassen, dann mit lauwarmem Wasser bepinseln und im vorgeheizten Backofen bei 240 Grad (Gas Stufe 5) 10 Minuten backen, dann die Hitze auf 200 Grad (Gas Stufe 3) verringern und weitere 40 bis 45 Minuten backen. Das heiße Brot sofort nach dem Backen mit etwas kaltem Salzwasser bestreichen.
(Foto Seite 32)

— DER GUTE TIP —

Statt der Röstzwiebeln können Sie für dieses Brot auch 125 Gramm frische Zwiebeln schälen, fein würfeln und in wenig Butter hellbraun braten. Die abgekühlten Zwiebeln werden zum Schluß kurz unter den Teig geknetet.

Reisbrot

Für etwa 16 Scheiben

1/2 l Milch
1 Stück Zitronenschale
1 EL Zucker
250 g Milchreis (Rundkornreis)
4 TL Salz
750 g Weizenmehl Type 550
1 Würfel Hefe
1 TL Zucker
200 ml lauwarmes Wasser
etwas Mehl zum Bearbeiten
1 Eigelb
Butter für die Form

1. Die Milch mit dem Stück Zitronenschale und dem Zucker zum Kochen bringen, dann den Reis einrühren. Bei geringer Hitze 30 Minuten unter Rühren ausquellen lassen. Den Reisbrei mit einem Stampfer zerdrücken und abkühlen lassen. Die Zitronenschale entfernen und das Salz einrühren.
2. Das Mehl in eine Schüssel sieben, mit einem Löffel eine Mulde drücken, die Hefe hineinbröckeln und den Zucker darüberstreuen. Mit etwas lauwarmem Wasser und ein wenig Mehl vom Rand einen Brei rühren. Die Schüssel abdecken und 15 Minuten ruhen lassen.
3. Wenn das Hefestück schön blasig aufgegangen ist, etwas Mehl darüberstreuen, den lauwarmen Reisbrei und das restliche Wasser dazugeben und alles 10 Minuten kneten.
4. Etwas Mehl in die Schüssel streuen und den Teig hineinlegen, mit einem Tuch abdecken und an einem warmen Ort 40 Minuten gehen lassen.
5. Den Teig nochmals kurz durchkneten. Eine hohe, runde Backform einfetten, den Teig einfüllen und nochmals 15 Minuten gehen lassen.
6. Das Eigelb mit etwas Wasser verrühren und die Teigoberfläche damit bestreichen, anschließend im vorgeheizten Backofen bei 220 Grad (Gas Stufe 4) 5 Minuten backen, dann die Hitze auf 200 Grad (Gas Stufe 3) verringern und weitere 50 bis 55 Minuten backen. 10 Minuten vor Ende der Backzeit die Oberfläche mit dem restlichen Eigelb bestreichen.

— DER GUTE TIP —

Dieses milde und leicht verdauliche Brot mit der goldgelben Kruste und der fast weißen Krume eignet sich sowohl für süße wie für herzhafte Beläge.
Dieses feine Brot schmeckt am besten frisch, es sollte jedoch vor dem Anschneiden auf einem Kuchengitter völlig ausgekühlt sein. Reichen Sie das Reisbrot auch einmal zum nachmittäglichen Kaffee oder Tee mit Butter, Konfitüre und Honig.

Kräftiges Mischbrot

Für etwa 20 Scheiben

Vorteig (Seite 17):
300 g Roggenmehl Type 1150
300 ml lauwarmes Wasser
1 gehäufter TL Grundsatz
(Backferment)
1 gehäufter TL Backferment

Hauptteig:
550 g Weizenmehl Type 550
150 g Weizenmehl Type 1700
(Backschrot)
$^{1}/_{4}$ l warmes Wasser (45 Grad)
4 TL Salz
1 TL Zucker
2 EL Sonnenblumenöl
etwas Mehl zum Bearbeiten
Butter fürs Backblech

1. Der Vorteig muß – wie auf Seite 17 ausführlich beschrieben – 12 Stunden gären. Mischen Sie, wie erklärt, das Roggenmehl mit dem lauwarmen Wasser, dem Grundansatz aus Backferment sowie dem angerührten Backferment. Die Schüssel mit dem Vorteig in eine Plastiktüte schieben, mit einem Tuch abdecken und 12 Stunden an einem warmen Ort stehen lassen.
2. Für den Hauptteig wird der gärende Vorteig mit den beiden Mehlsorten, dem warmen Wasser, Salz, Zucker und dem Öl mindestens 10 Minuten geknetet.
3. Eine Schüssel leicht mit Mehl bestäuben und den Teig einfüllen, mit einem feuchten Tuch abdecken und an einem warmen Ort 60 Minuten gehen lassen.
4. Den gegangenen Teig auf ein bemehltes Brett stürzen und nochmals mit etwas Mehl inniglich durchkneten, bis der Teig nicht mehr klebt und geschmeidig ist.
5. Ein Backblech gut einfetten. Aus dem Teig einen Laib formen, aufs Blech setzen, mit lauwarmem Wasser bestreichen und mit etwas Mehl bestäuben, dann 45 Minuten gehen lassen. Anschließend mit einem Messer in der Mitte etwa 2 cm tief einschneiden und weitere 15 Minuten gehen lassen.
6. Den Brotlaib in den auf 240 Grad (Gas Stufe 5) vorgeheizten Backofen schieben. Auf den Herdboden eine feuerfeste Schüssel mit kochendem Wasser stellen. Das Brot 10 Minuten backen, dann die Temperatur auf 200 Grad (Gas Stufe 3) verringern und weitere 40 bis 45 Minuten backen.
(Foto Seite 34)

DER GUTE TIP
Wo steht geschrieben, daß ein Brotlaib immer rund oder länglich zu sein hat? Formen Sie aus dem fertigen Teig auch einmal ein in sich verschlungenes Brot, das einem Knoten ähnelt oder flechten Sie einen doppelten Zopf.

Fenchelbrot

Für etwa 20 Scheiben

Vorteig (Seite 17):
300 g Weizenmehl Type 550
300 ml lauwarmes Wasser
2 EL Sauerteig (50 g)

Hauptteig:
450 g Weizenmehl Type 550
300 g Weizenvollkornmehl
knapp 350 ml warmes Wasser
(45 Grad)
3 TL Salz
2 EL Fenchelsamen
2 EL Distelöl
etwas Mehl zum Bearbeiten
Butter für die Form
1 Eiweiß

1. Der Vorteig muß – wie auf Seite 17 ausführlich be-schrieben – 12 Stunden gären. Mischen Sie, wie er-klärt, das Mehl mit dem warmen Wasser und dem Grundansatz Sauerteig. Schieben Sie die Schüssel in eine Plastiktüte, decken Sie ein Tuch darüber und lassen Sie sie 12 Stunden an einem warmen Ort stehen.
2. Für den Hauptteig wird der gärende Vorteig mit dem Mehl und dem Vollkorn-mehl, dem warmen Wasser, dem Salz und 1 $\frac{1}{2}$ Eßlöffel Fenchelsamen sowie dem Öl gründlich verknetet.
3. Die Schüssel mit etwas Mehl bestäuben und den Teig hineinsetzen, mit einem feuchten Tuch abdecken und an einem warmen Ort (40 Grad) 60 Minuten gehen lassen.

4. Anschließend den Teig auf ein bemehltes Holzbrett stürzen und nochmals kräftig durchkneten.
5. Eine Kastenform (etwa 36 cm lang) gut einfetten, den Teig einfüllen und an einem warmen Ort nochmals 40 Minuten gehen lassen, dann mit dem leicht geschlagenem Eiweiß be-streichen und mit den rest-lichen Fenchelsamen be-streuen. Weitere 20 Minuten gehen lassen.
6. Das Brot im vorgeheizten Backofen bei 240 Grad (Gas Stufe 5) 10 Minuten backen. Vorher eine feuerfeste Schüssel mit kochendem Wasser auf den Herdboden stellen. Nach 10 Minuten die Hitze auf 200 Grad (Gas Stufe 3) herunterschalten

und weitere 45 bis 50 Minu-ten backen.
Ein würziges Brot mit fester Kruste. Es läßt sich gut mit Quarkzubereitungen, Frisch-käse und Radieschen, Tomaten, Gurkenscheiben und Paprikastreifen essen. (Foto Seite 35)

--- *DER GUTE TIP* ---

Fenchel besitzt einen ausgeprägten Ge-schmack. Wenn er Ihnen zusagt, dann schneiden Sie eine Fenchelknolle in nicht zu dünne Streifen und garen Sie sie knapp in wenig Butter. Das ab-gekühlte Fenchelgemüse kurz unter den einmal ge-gangenen Teig kneten.

Weizenvollkorn-brot mit Sonnen-blumenkernen

Für etwa 12 Scheiben

170 g Sonnenblumenkerne
400 g Weizenvollkornmehl
100 g Roggenmehl Type 1150
1 Würfel Hefe
1 TL Zucker
etwa 300 ml lauwarmes Wasser
2 TL Kümmel, gemahlen
1 EL Koriander, gemahlen
6 EL Sonnenblumenöl
2 TL Salz
etwas Mehl zum Bearbeiten
Butter fürs Backblech
1 Eigelb

1. 150 g Sonnenblumenkerne in einer fettfreien Pfanne leicht rösten, beiseite stellen und abkühlen lassen.
2. Die Mehlsorten in einer Schüssel mischen, mit einem Löffel eine Mulde drücken und dort hinein die Hefe bröckeln, mit dem Zucker bestreuen. Mit etwas lauwarmem Wasser und ein wenig Mehl vom Rand einen Brei rühren. Die Schüssel abdecken und an einem warmen Ort 15 Minuten ruhen lassen.
3. Wenn das Hefestück schön blasig aufgegangen ist, mit etwas Mehl bestäuben und mit dem restlichen Wasser, den Gewürzen, 5 Eßlöffel Öl und dem Salz 10 Minuten kräftig kneten. Die Schüssel mit Mehl bestreuen und den Teig einfüllen. Mit einem feuchten Tuch abdecken und an einem warmen Ort 60 Minuten gehen lassen bis sich das Volumen des Teigs verdoppelt hat.
4. Anschließend den gegangenen Teig auf ein bemehltes Brett stürzen, die gerösteten Sonnenblumenkerne darüberstreuen, nochmals alles gut verkneten und einen runden Brotlaib formen.
5. Das Backblech gut einfetten und den Brotlaib daraufsetzen. Eine runde (7,5 cm Durchmesser), nasse Ausstechform in die Mitte des Brotes drücken und den Brotrand mit einem scharfen Messer 6- bis 7mal quer einschneiden. Die Form entfernen.
6. Das Eigelb mit den restlichen Öl glattrühren, das Brot damit bestreichen und mit den restlichen Sonnenblumenkernen bestreuen. Das Brot nochmals 20 Minuten gehen lassen. Dann im vorgeheizten Backofen bei 200 Grad (Gas Stufe 3) 40 bis 45 Minuten backen.
(Foto Seite 36/37)

--- DER GUTE TIP ---

Kneten Sie unter diesen Brotteig zusätzlich 1 Ei und 100 g geraspelten Emmentaler oder Gouda. Aus diesem Teig können Sie auch 30 15 cm lange Stangen rollen. Diese werden mit der Eimischung bestrichen und mit den Sonnenblumenkernen und etwas geriebenem Käse bestreut. Die Backzeit beträgt 20 bis 25 Minuten.

Haselnußbrot

Für etwa 16 Scheiben

200 g Haselnüsse
500 g Weizenmehl Type 1050
150 g Roggenvollkornschrot
1 Würfel Hefe
1 TL Zucker
etwa 200 ml lauwarmes Wasser
etwa 200 ml lauwarme Buttermilch
3 EL Salz
2 EL Haselnußöl
etwas Mehl zum Bearbeiten
Butter fürs Backblech
etwas Milch

1. Die Haselnüsse in einer fettfreien Pfanne rösten, anschließend zwischen einem feuchten Tuch die dunkle Haut abreiben. 100 Gramm Haselnüsse mittelfein mahlen, 70 Gramm sehr grob hacken, den Rest mittelgrob hacken.

2. Die Mehlsorten in einer Schüssel mischen und mit einem Löffel eine Mulde drücken. Dort hinein die Hefe bröckeln, den Zucker darüberstreuen und mit etwas lauwarmem Wasser und ein wenig Mehl vom Rand einen Brei rühren. Die Schüssel abdecken und an einem warmen Ort 15 Minuten ruhen lassen.

3. Das schön blasig aufgegangene Hefestück mit etwas Mehl bestäuben, das restliche Wasser, die lauwarme Buttermilch, das Salz, die gemahlenen Haselnüsse und das Öl dazugeben und alles gründlich verkneten.

4. Die Schüssel mit etwas Mehl ausstreuen, den Teig hineinsetzen, die Schüssel in eine Plastiktüte stecken, mit einem Tuch abdecken und an einem warmen Ort 60 Minuten ruhen lassen.

5. Den gegangenen Teig auf ein mit Mehl bestreutes Backbrett kippen, die grob gehackten Haselnüsse darüberstreuen und alles nochmals gut durchkneten.

6. Ein Backblech gut einfetten. Aus dem Teig einen länglichen Laib formen, aufs Backblech setzen und nochmals 50 Minuten gehen lassen. Dann mit etwas lauwarmer Milch bestreichen und mit den restlichen Haselnüssen bestreuen.

7. Das Brot 10 Minuten in dem vorgeheizten Backofen bei 240 Grad (Gas Stufe 5) 10 Minuten backen. Vorher eine feuerfeste Schale mit kochendem Wasser auf den Herdboden stellen. Nach 10 Minuten die Temperatur auf 200 Grad (Gas Stufe 3) herunterschalten und das Brot weitere 30 bis 35 Minuten backen.

Holsteiner Feinbrot

Für etwa 20 Scheiben

³/₄ l Milch
50 g Buchweizengrütze
800 g Weizenmehl Type 1050
200 g Roggenmehl Type 815
2 P. Trockenhefe
1 TL Zucker
4 TL Salz
etwas Mehl zum Bearbeiten
Butter fürs Backblech
2 EL Milch zum Bestreichen
1 EL Öl

1. Die Milch zum Kochen bringen und die Buchweizengrütze einrühren. Anschließend bei geringer Hitze 15 Minuten kochen lassen, dann neben dem Herd ausquellen lassen.

2. Die beiden Mehlsorten in einer Schüssel mit der Trockenhefe, dem Zucker und dem Salz mischen.

3. Die lauwarme Buchweizengrütze zum Mehl geben und alles 10 bis 15 Minuten lang kräftig kneten. Falls der Teig zu trocken sein sollte, noch etwas lauwarme Milch hinzufügen, ist er zu feucht, hilft dagegen etwas Mehl.

4. Den Teig in eine mit Mehl bestreute Schüssel legen, in einen Plastikbeutel stecken, mit einem Handtuch abdekken und 60 Minuten gehen lassen.

5. Den gegangenen Teig auf ein mit Mehl bestreutes Backbrett stürzen, nochmals kräftig durchkneten und anschließend einen länglichen Brotlaib formen.

6. Das Backblech mit Butter einfetten, den Laib daraufsetzen. Die Milch mit dem Öl verrühren, das Brot damit bestreichen und nochmals 45 Minuten gehen lassen. Anschließend das Brot mit einem scharfen Messer mehrmals quer 1 cm tief einschneiden.

7. Den Backofen auf 220 Grad (Gas Stufe 4) vorheizen, das Brot einschieben und die Temperatur auf 200 Grad (Gas Stufe 3) herunterschalten. Das Brot 55 bis 60 Minuten backen. Dieses helle und duftige Brot ist für feine belegte Schnittchen aller Art sehr gut geeignet. *(Foto Seite 38)*

DER GUTE TIP

Sie können Ihre selbst gebackenen Brote und Brötchen einfrieren. Dafür lassen Sie das Backwerk auf einem Kuchengitter abkühlen, bis es lauwarm ist. Nun können Sie es ganz oder in Teilen in Gefrierbeuteln verpacken und einfrieren. Zum Auftauen legen Sie das Brot oder die Brötchen in einen Brotkorb. Damit der Geschmack nicht leidet, sollten Sie Brot und Brötchen nicht länger als 3 Wochen einfrieren.

Hafer-Weizen-Brot

Für etwa 20 Scheiben

750 g Weizenmehl Type 1050
1 Würfel Hefe
1 TL Zucker
etwa $\frac{1}{2}$ l lauwarme Milch
250 g kernige Haferflocken
(z. B. von Kölln)
4 TL Salz
2 EL zerlassene Butter
oder Margarine
etwas Mehl zum Bearbeiten
1 Eiweiß
2 EL kernige Haferflocken
Butter fürs Backblech

1. Das Mehl in eine Schüssel sieben und nach der Anleitung für das Weizenvollkornbrot auf Seite 36 einen Hefeteig herstellen.
2. Den gegangenen Teig auf ein bemehltes Backbrett stürzen, nochmals durchkneten und zu einem Laib oder zwei runden Laiben formen, mit Eiweiß bestreichen und mit den Haferflocken bestreuen.
3. Das Brot auf das eingefettete Backblech setzen und nochmals 30 Minuten gehen lassen. Auf den Boden des vorgeheizten Backofens eine feuerfeste Schüssel mit kochendem Wasser stellen.
4. Das oder die Brote im heißen Backofen bei 240 Grad (Gas Stufe 5) 30 bis 35 Minuten backen.
Ein kerniges und bekömmliches Brot, das hervorragend mit frischer Kräuterbutter schmeckt.
(Foto Seite 39)

Kokosflocken-Fladenbrot

Für etwa 20 Scheiben

250 g Kokosflocken
1/2 l Wasser
500 g Weizenmehl Type 1050
250 g Reismehl (aus dem Asialaden)
1 Würfel Hefe
1 TL Zucker
150 g Magermilchjoghurt, zimmerwarm
4 TL Salz
etwa 100 g Weizenmehl Type 1050 zum Bearbeiten
1 Eigelb
4 EL Kokosflocken zum Bestreuen
Butter fürs Backblech

1. Die Kokosflocken in einer Schüssel mit kochendem Wasser überbrühen und abkühlen lassen.

2. Die beiden Mehlsorten in einer Schüssel mischen. Mit einem Löffel eine Mulde drücken und die Hefe hineinbröckeln, mit dem Zucker bestreuen und mit etwas lauwarmem Kokoswasser und ein wenig Mehl vom Rand einen Brei rühren. Die Schüssel abdecken und 15 Minuten ruhen lassen.

3. Anschließend die leicht abgetropften, lauwarmen Kokosflocken, den Joghurt und das Salz dazugeben. Den Teig mit einem Löffel gut mischen (zum Kneten ist er zu weich).

4. Die Teigschüssel in eine Plastiktüte stecken, mit einem Tuch abdecken und an einem warmen Ort 40 Minuten gehen lassen, bis sich der Teig verdoppelt hat.

5. Anschließend die Teigoberfläche mit Mehl bestäuben, auf ein Backbrett stürzen und mit Hilfe des restlichen Mehls zu einem weichen Teig verarbeiten. Das dauert ungefähr 15 Minuten.

6. Das Eigelb mit ein wenig Wasser verrühren. Den Teig zu einer Kugel formen und auf ein gefettetes Backblech in einen Tortenring (oder in den Rand einer Springform) setzen, mit dem Eigelb bestreichen und mit den Kokosflocken bestreuen. Nochmals 45 Minuten an einem warmen Ort gehen lassen.

7. Das Brot im vorgeheizten Backofen bei 240 Grad (Gas Stufe 5) 5 Minuten backen. Vorher eine feuerfeste Schale mit kochendem Wasser auf den Herdboden stellen. Nach 5 Minuten den Rand entfernen und die Temperatur auf 200 Grad (Gas Stufe 3) herunterschalten und weitere 45 bis 50 Minuten backen. Nach der ersten Hälfte der Backzeit das Brot eventuell mit Alufolie abdecken, wenn die Oberfläche zu dunkel wird. (Foto Seite 40)

Scharfes Bananenbrot

Für etwa 12 Scheiben

500 g Weizenmehl Type 550
1/2 Würfel Hefe
1 TL Zucker
etwa 1/4 l lauwarme Milch
2 TL Salz
50 g zerlassene Butter oder
Margarine
3 große, geschälte Bananen
Saft von 1/2 Zitrone
2 EL eingelegte grüne
Pfefferkörner
4 EL gehackte Petersilie
etwas Mehl zum Bearbeiten
1 Ei
Butter für die Form

1. Das Mehl in eine Schüssel sieben, mit einem Löffel eine Mulde drücken und die Hefe hineinbröckeln, mit dem Zucker bestreuen und mit etwas lauwarmer Milch und ein wenig Mehl vom Rand einen Brei rühren. Die Schüssel abdecken und an einem warmen Ort 15 Minuten ruhen lassen.

2. Das gegangene Hefestück mit etwas Mehl bestäuben, dann die restliche Flüssigkeit, das Salz und das flüssige Fett dazugeben und alles zu einem elastischem Teig verkneten.

3. Den Teig in eine mit Mehl bestreute Schüssel legen, abdecken und 50 Minuten an einem warmen Ort gehen lassen, bis sich sein Volumen verdoppelt hat.

4. Den Teig auf ein bemehltes Backbrett stürzen und nochmals kräftig durchkneten, dann auf einer bemehlten Fläche zu einem Rechteck (30 mal 40 cm) ausrollen.

5. Die Bananen in Scheiben schneiden und mit dem Zitronensaft beträufeln, dann nebeneinander auf die ausgerollte Teigplatte legen.

6. Die abgetropften Pfefferkörner mit der gehackten Petersilie mischen und über die Bananen streuen.

7. Die Teigplatte aufrollen. Eine weite, rechteckige Backform einfetten und den Teig einfüllen. Mit einer Gabel der Teig kräftig ein-

stechen und mit dem mit Wasser verrührten Eigelb bestreichen. Nochmals 30 Minuten gehen lassen.

8. Das Brot im vorgeheizten Backofen bei 200 Grad (Gas Stufe 3) 45 bis 50 Minuten backen. Vorher eine feuerfeste Schüssel mit kochendem Wasser auf den Herdboden stellen.

(Foto Seite 41)

Erdnuß-Soja-Brot

Für etwa 20 Scheiben

Vorteig (Seite 17):

Roggenmehl Type 1150
300 ml lauwarmes Wasser
2 EL Sauerteig (50 g)

Hauptteig:

160 g mittelfein gemahlene
Erdnüsse, ungesalzen
300 g Weizenvollkornmehl
100 g Weizenmehl Type 1050
200 g Sojaschrot
etwa $1/4$ l warmer Kefir (45 Grad)
4 TL Salz
4 EL Sojaöl
etwas Mehl zum Bearbeiten
Butter fürs Backblech
1 TL Speisestärke
$1/4$ l Wasser
2 EL Sonnenblumenkerne

1. Der Vorteig muß – wie auf Seite 17 ausführlich beschrieben – 12 Stunden gären. Mischen Sie, wie erklärt, das Roggenmehl mit dem lauwarmen Wasser und dem Grundansatz Sauerteig. Schieben Sie die Schüssel in eine Plastiktüte, decken Sie ein Tuch darüber und lassen Sie die Schüssel 12 Stunden an einem warmen Ort stehen.
2. Für den Hauptteig mischen Sie unter den gärenden Vorteig die Erdnüsse, die verschiedenen Mehlsorten mit dem warmen Kefir, dem Salz und dem Öl. Den Teig mindestens 10 Minuten kräftig durchkneten.
3. Die Schüssel mit Mehl bestäuben und den Teig einfüllen, in eine Plastiktüte stecken, mit einem Tuch abdecken und 60 Minuten an einem warmen Ort gehen lassen.
4. Anschließend den gegangenen Teig auf ein bemehltes Backbrett stürzen und nochmals kräftig kneten, dann einen länglichen Brotlaib formen und auf das gefettete Backblech setzen.
5. Die Speisestärke mit dem kalten Wasser anrühren und einmal aufkochen lassen. Den Laib damit bestreichen und 45 Minuten gehen lassen, mit einem scharfen Messer einen 1 cm tiefen Längsschnitt anbringen, die Oberfläche nochmals mit der Stärkelösung bestreichen und mit den Sonnenblumenkernen bestreuen.
6. Das Brot erst 5 Minuten im vorgeheizten Backofen bei 240 Grad (Gas Stufe 5) backen, dann die Temperatur auf 200 Grad (Gas Stufe 3) herunterschalten und weitere 45 bis 50 Minuten backen. Vor Backbeginn eine feuerfeste Schüssel mit kochendem Wasser auf den Herdboden stellen.
7. Das fertig gebackene Brot nochmals mit der Stärkelösung bestreichen und auf einem Kuchengitter auskühlen lassen.
(Foto Seite 42)

Radas Rosenbrot

Für 10 – 12 Portionen

$\frac{1}{2}$ Würfel Hefe
1 TL Zucker
$\frac{1}{4}$ l lauwarmes Wasser
3 TL Salz
800 g Weizenmehl Type 550
etwa $\frac{1}{8}$ l lauwarmes Wasser
etwas Mehl zum Bearbeiten
6 EL flüssige Butter
Butter für die Form
1 Eigelb

1. Die Hefe in eine Schüssel bröckeln, den Zucker und das Wasser dazugeben und alles mit dem Schneebesen glattrühren. Die Schüssel abdecken und an einem warmen Ort 15 Minuten ruhen lassen.
2. Das Salz mit dem Mehl mischen und zur Hefebrühe geben. Das restliche Wasser nach Bedarf hinzufügen. Den Teig 10 Minuten gut kneten, bis er nicht mehr an den Händen klebt, eventuell noch etwas Mehl dazugeben.
3. Anschließend auf einem bemehlten Brett 1 cm dick ausrollen und dünn mit der flüssigen Butter bestreichen. Dann den Teig aufrollen und mit einem scharfen Messer 10 bis 12 etwa 5 cm lange Stücke abschneiden. Diese Teigstücke aufrecht (mit den Schnittflächen nach oben) in eine runde (Durchmesser 26 bis 30 cm), eingefettete Backform setzen, mit einem Handtuch abdecken und an einem warmen Ort 60 Minuten gehen lassen.

4. Das Eigelb mit etwas Wasser glattrühren und die Oberfläche damit bestreichen. Das Rosenbrot im vorgeheizten Backofen bei 180 Grad (Gas Stufe 2) 30 bis 35 Minuten backen.
5. Das Brot nach dem Backen aus der Form lösen und für 30 Minuten in ein Küchentuch wickeln, damit sich eine kräftige Kruste bildet.

— DER GUTE TIP —

Sie können den ausgerollten Teig auch mit Olivenöl bestreichen oder mit weniger Butter oder Öl und winzigen Würfeln von Schafskäse, Oliven, Kräutern, Speck, Salami oder einer Mischung davon. Lauwarm schmeckt das Rosenbrot am besten.

Käse-Apfel-Brot

Für etwa 12 Scheiben

500 g Weizenmehl Type 550
30 g Hefe
1 TL Zucker
etwa $\frac{3}{8}$ l lauwarmes Wasser
1 TL Pfeffer, geschrotet
2 TL Salz
1 fester Apfel, grob geraspelt
50 g Mandelsplitter
100 g Cheddar, gerieben
etwas Mehl zum Bearbeiten
Butter für die Form
1 Eigelb, 1 TL Öl

1. Das Mehl in eine Schüssel sieben, mit einem Löffel eine Mulde drücken, die Hefe hineinbröckeln, den Zucker hinzufügen und mit etwas lauwarmen Wasser einen Brei rühren. Die Schüssel abdecken und 15 Minuten gehen lassen.
2. Wenn das Hefestück schön blasig aufgegangen ist, mit etwas Mehl bestreuen. Das restliche Wasser, Pfeffer und Salz, den geraspelten Apfel, die Mandeln und bis auf einen kleinen Rest zum Bestreuen den Käse dazugeben. Alles gut verkneten und dann in eine bemehlte Schüssel setzen, abdecken und an einem warmen Ort 30 Minuten gehen lassen.

3. Eine Kastenform einfetten, den Teig einfüllen, abdecken und 30 Minuten gehen lassen.
4. Das Eigelb mit etwas Wasser verrühren und die Teigoberfläche damit bestreichen und mit einem scharfen Messer einen 1 cm tiefen Längsschnitt anbringen.
5. Das Brot im vorgeheizten Backofen bei 200 Grad (Gas Stufe 3) 25 Minuten backen. Die Oberfläche mit dem restlichen Eigelb bestreichen, mit dem restlichen Käse bestreuen und weitere 20 Minuten backen. Das Brot anschließend auf einem Kuchengitter auskühlen lassen.
(Foto Seite 43)

Englisches Teebrot

Für etwa 16 Scheiben

750 g Weizenmehl Type 550
30 g Hefe
1 TL Zucker
etwa ³/₈ l lauwarme Milch
50 g flüssige Butter oder
Margarine
3 TL Salz
etwas Mehl zum Bearbeiten
Butter fürs Backblech
1 Ei

1. Das Mehl in eine Schüssel sieben, mit einem Löffel eine Mulde drücken und die Hefe hineinbröckeln, mit dem Zucker bestreuen und mit etwas lauwarmer Milch und ein wenig Mehl vom Rand einen Brei rühren. Die Schüssel abdecken und 15 Minuten ruhen lassen.
2. Das schön blasig aufgegangene Hefestück mit etwas Mehl bestreuen, die restliche lauwarme Milch, das flüssige Fett und das Salz hinzufügen und alles gut 10 Minuten kneten. Anschließend in eine bemehlte Schüssel legen, mit einem Tuch abdecken und 30 Minuten gehen lassen.
3. Den gegangenen Teig auf ein mit Mehl bestreutes Backbrett stürzen und nochmals durchkneten. Dann einen länglichen Laib formen und auf das eingefettete Backblech setzen. Den Brotteig 30 Minuten gehen lassen, dann mit einem scharfen Messer mehrere 1 cm tiefe Einschnitte anbringen.

4. Das Ei mit ein wenig Wasser verrühren, die Brot-oberfläche damit bestreichen und 10 Minuten im vorgeheizten Backofen bei 240 Grad (Gas Stufe 5) backen. Dann die Temperatur herunterschalten und das Brot bei 200 Grad (Gas Stufe 3) weitere 30 bis 35 Minuten backen. Zwischendurch die Brotoberfläche mit dem restlichen Ei bestreichen.
(Foto Seite 44)

DER GUTE TIP

Aus diesem neutralen Teig lassen sich ebenso gut 18 bis 20 kleine Brötchen backen. Brot oder Brötchen können nach Belieben mit Mohn, Sesam, Kümmel, Leinsamen, Kürbiskernen, Sonnenblumenkernen oder getrockneten Kräutern bestreut werden.
Dieses einfache Weißbrot können Sie natürlich durch den Zusatz verschiedener Mehle verändern. Dabei ist zu beachten, daß Vollkornmehl mehr Flüssigkeit aufnimmt. Für ein einfaches Weißbrot verkneten Sie 1 kg Mehl mit 1 Würfel Hefe, 1 TL Zucker, 3 TL Salz und 1/2 l Milch oder Wasser (lauwarm). Formen Sie daraus einen länglichen Laib, einen Zopf oder backen Sie das Brot in einer Kastenform oder in einer runden Backform.

Polnischer Kümmelfladen

Für etwa 18 Scheiben

1 kg Weizenmehl Type 550
2 Würfel Hefe
1 TL Zucker
etwa 1/2 l lauwarmes Bier
200 ml zerlassenes Schweineschmalz
4 TL Salz
1 TL Kümmel, gemahlen
etwas Mehl zum Bearbeiten
1 Eigelb
Schweineschmalz fürs Backblech
1 Eiweiß
3 EL Kümmel

1. Das Mehl in eine Schüssel sieben und aus der Hefe, dem Zucker, dem Bier, dem Schmalz, dem Salz und dem gemahlenem Kümmel einen Hefeteig wie auf Seite 44 beschrieben herstellen.
2. Den gegangenen Teig zu einer Kugel formen, die Oberfläche glattklopfen und dann zu einem breiten Fladen drücken.
3. Das Backblech mit Schweineschmalz einfetten und den Fladen daraufsetzen. Das Eiweiß leicht anschlagen und den Fladen damit bestreichen, anschließend nochmals 30 Minuten gehen lassen.
4. Den Fladen mit dem restlichen Eiweiß bestreichen und mit dem Kümmel bestreuen. Im vorgeheizten Backofen bei 220 Grad (Gas Stufe 4) 30 bis 35 Minuten backen.

Russische Pirogge

Für etwa 10 Portionen

500 g Weizenmehl Type 550
1 Würfel Hefe
1 TL Zucker
etwa 1/4 l lauwarme Milch
1 TL Salz
100 g zerlassene Butter oder Margarine
1 Ei
etwas Mehl zum Bearbeiten
Butter fürs Backblech

Füllung:

200 g durchwachsener Speck
200 g Lauch, geputzt
2 Knoblauchzehen
1/2 TL Salz
100 g Champignons
3 hartgekochte Eier
200 g Salzgurken
5 EL Dill, gehackt
750 g Schweinemett
Salz
Pfeffer aus der Mühle
1 Eigelb

1. Das Mehl in eine Schüssel sieben und nach dem Rezept auf Seite 44 aus der Hefe, Zucker, der warmen Milch, dem Salz, dem flüssigen Fett und dem Ei einen Hefeteig herstellen.
2. Für die Füllung den Speck klein würfeln und in einer Pfanne auslassen, in eine Schüssel füllen. Den in Ringe geschnittenen Lauch und die geschälten und feingehackter Knoblauchzehen in dem Speckfett weich schmoren, zu den Speckwürfeln geben und salzen.

3. Die geputzten Champignons klein würfeln. Die hartgekochten Eier schälen und mit dem Eierschneider würfeln, die Salzgurken grob raspeln. Alles mit dem Dill zu den Speckwürfeln geben. Anschließend mit dem Schweinemett mischen und kräftig würzen.
4. Den gegangenen Teig auf einem bemehlten Tuch ausrollen und mit der Füllung bestreichen, dann aufrollen und mit der Nahtstelle nach unten auf das eingefettete Backblech setzen.
5. Das Eigelb mit etwas Wasser verrühren und die Teigoberfläche damit bestreichen. Die Pirogge nochmals 30 Minuten gehen lassen.
6. Im vorgeheizten Backofen bei 200 Grad (Gas Stufe 3) 45 bis 50 Minuten backen.
(Foto Seite 6/7: links)

DER GUTE TIP

Versuchen Sie auch einmal die folgende Fischfüllung: 3 Bund Frühlingszwiebeln kleinschneiden und in 60 g Butter weich dünsten. Anschließend mit 1 Tasse gekochtem Reis, 4 EL gehacktem Dill, etwas abgeriebener Zitronenschale, 40 g gehackten Pistazien, 3 gehackten, hartgekochten Eiern, 100 g Champignons in Scheiben sowie 500 g gewürfeltem Lachsfilet, Salz und Pfeffer mischen.

Tomaten-Oliven-Stangen

Für 2 Stangen

300 g Weizenmehl Type 550
200 g Roggenmehl Type 1370
30 g Hefe
1/2 TL Zucker
etwa 1/4 l lauwarmes Wasser
1 TL Salz
2 EL Walnuß- oder Haselnußöl
1 EL Thymian, getrocknet
etwas Mehl zum Bearbeiten
60 g Walnüsse
100 g schwarze Oliven (façon greque, trocken eingelegt)
100 g getrocknete Tomaten in Öl
Schweineschmalz fürs Backblech

1. Die beiden Mehlsorten in einer Schüssel mischen, mit einem Löffel eine Mulde drücken, die Hefe hineinbröckeln und mit dem Zucker bestreuen. Anschließend mit etwas lauwarmem Wasser sowie ein wenig Mehl vom Rand einen Brei rühren. Die Schüssel abdecken und an einem warmen Ort 15 Minuten ruhen lassen.
2. Das gegangene Hefestück mit ein wenig Mehl bestreuen, dann mit dem restlichen Wasser, dem Salz, dem Öl und dem getrockneten Thymian 10 Minuten kneten. Den Teig in eine bemehlte Schüssel legen, in eine Plastiktüte stecken, mit einem Tuch abdecken und an einem warmen Ort 60 Minuten gehen lassen.
3. Inzwischen die Walnüsse mittelgrob hacken, die Oliven entkernen und grob hacken. Die getrockneten Tomaten zwischen einigen Lagen Küchenpapier gut ausdrücken (= entfetten), anschließend nicht zu fein hacken. Ein paar Walnüsse zum Bestreuen beiseite legen, den Rest mit den Oliven und den Tomaten mischen.
4. Den gegangenen Teig kurz mit der Nuß-Oliven-Tomaten-Mischung verkneten und 2 Stangen formen. Die Stangen auf ein gefettetes Backblech setzen, nochmals 20 Minuten gehen lassen, dann mit etwas lauwarmem Wasser bestreichen, mit einem scharfen Messer mehrere 1 cm tiefe, schräge Einschnitte anbringen. Anschließend mit den restlichen Walnüssen bestreuen und im vorgeheizten Backofen bei 240 Grad (Gas Stufe 5) 10 Minuten backen. Die Temperatur herunterschalten und bei 200 Grad (Gas Stufe 3) weitere 20 bis 25 Minuten backen.

--- DER GUTE TIP ---

Probieren Sie auch einmal ein würziges Olivenbrot. Dafür 200 g schwarze Oliven entkernen und statt der Tomaten 1 bis 2 EL grob gehackte Knoblauchzehen unter den Teig kneten, statt Nußöl in diesem Fall aromatisches Olivenöl verwenden und die Brote vor dem Backen mit geschrotetem Pfeffer bestreuen.

Ungarisches Sandwichbrot

Für 3 Stangen

650 g Weizenmehl Type 550
3 TL Salz
1 EL Zucker
2 EL Rosenpaprika
30 g Hefe
etwa 1/4 l lauwarme Milch
120 g gekochte und geschälte Kartoffeln
1 Ei
80 g zerlassene Butter oder Margarine
etwas Mehl zum Bearbeiten
1 Ei
Butter fürs Backblech

1. Das Mehl mit dem Salz, dem Zucker und dem Paprikapulver in einer Schüssel mischen. Mit einem Löffel eine Mulde drücken und die Hefe hineinbröckeln, mit etwas lauwarmer Milch sowie ein wenig Mehl vom Rand einen Brei rühren, die Schüssel abdecken und an einem warmen Ort 15 Minuten ruhen lassen.
2. Das gegangene Hefestück mit etwas Mehl bestreuen, dann die restliche lauwarme Milch, die zermusten Kartoffeln, das Ei und das flüssige Fett dazugeben und alles 10 Minuten kneten. Die Teigkugel in eine bemehlte Schüssel legen, in eine Plastiktüte stecken, mit einem Tuch abdecken und an einem warmen Ort 60 Minuten gehen lassen.
3. Den gegangenen Teig noch einmal durchkneten, 3 Stangen formen und auf das gefettete Backblech setzen. Das Ei mit etwas Wasser verrühren und die Brote damit bestreichen, anschließend 30 Minuten gehen lassen, nochmals mit dem verquirlten Ei bestreichen und mit einem scharfen Messer jeweils einen 1 cm tiefen Längsschnitt auf der Brotoberfläche anbringen.
4. Die Brote im vorgeheizten Backofen bei 240 Grad (Gas Stufe 5) 5 Minuten backen, dann die Temperatur auf 200 Grad (Gas Stufe 3) herunterschalten und weitere 25 bis 30 Minuten backen. Vor Backbeginn eine feuerfeste Schüssel mit kochendem Wasser auf den Herdboden stellen. Dieses knusprige, leicht scharfe Brot wird sicherlich der größte Hit auf Ihrer nächsten Party. Reichen Sie dazu ungarische Salami, eingelegte und frische Paprikaschoten sowie eine würzige Gulaschsuppe.
(Foto Seite 47)

--- DER GUTE TIP ---

Alle Hefebrote schmecken frisch am besten. Sie können gut für 2 bis 3 Wochen ganz oder in Scheiben eingefroren werden. Alle Brote, ob in der Form oder auf dem Backblech gebacken, sollen auf einem Kuchengitter völlig auskühlen, bevor Sie im Brotkasten oder in einem Tongefäß gelagert werden.

Baguette

Für 4 Stangen

1 kg Weizenmehl Type 550
1¹/₂ Würfel Hefe
1 TL Zucker
etwa ³/₄ l lauwarmes Wasser
oder lauwarme Buttermilch
4 TL Salz
etwas Mehl zum Bearbeiten
Butter fürs Backblech

1. Das Mehl in Schüssel sieben und 60 Minuten warm stellen (35 Grad). Anschließend mit einem Löffel eine Mulde drücken und die Hefe hineinbröckeln, den Zucker darüberstreuen und mit etwas lauwarmem Wasser und ein wenig Mehl vom Rand einen Brei rühren. Die Schüssel abdecken und 15 Minuten ruhen lassen.
2. Das gegangene Hefestück mit etwas Mehl bestreuen und das restliche lauwarme Wasser und das Salz hinzufügen, dann alles gut 10 Minuten kräftig kneten.
3. Den Teig in zwei Stücke teilen und die Oberflächen glattstreichen. Dann in eine bemehlte Schüssel legen, diese in eine Plastiktüte stecken, mit einem Tuch abdecken und an einem warmen Ort 5 bis 6 Stunden gehen lassen.
4. Anschließend nochmals durchkneten und 4 gleich lange Stangen formen, auf das eingefettete Backblech setzen, nochmals 15 Minuten gehen lassen, mit lauwarmem Wasser bestreichen und mit einem schar-

fen Messer einige 1 cm
tiefe Einschnitte auf der
Oberfläche anbringen.
5. Die Brote im vorgeheizten Backofen bei 240 Grad
(Gas Stufe 5) 10 Minuten
backen, dann die Tempera-
tur auf 220 Grad (Gas Stufe
4) herunterschalten und weitere 25 bis 30 Minuten
backen. 10 Minuten vor
Backende die Brote
nochmals mit lauwarmem
Wasser bestreichen.
(Foto Seite 48)

Pistazienstangen

Für 4 Stangen

500 g Weizenmehl Type 550
250 g Dinkelmehl Type 812
1 Würfel Hefe
1 TL Zucker
etwa $\frac{1}{2}$ l lauwarmes Wasser
3 TL Salz
1 EL Pfeffer, geschrotet
1 TL Kräuter der Provence,
getrocknet
40 g gehackte Pistazien
etwas Mehl zum Bearbeiten
30 g ganze Pistazien
Butter fürs Backblech

1. Die beiden Mehlsorten in
einer Schüssel mischen. Das
Mehl erwärmen (35 Grad),
dann mit einem Löffel eine
Mulde drücken, die Hefe hineinbröckeln, mit dem Zucker
bestreuen und mit etwas
lauwarmem Wasser sowie
ein wenig Mehl vom Rand
einen Brei rühren. Die
Schüssel abdecken und an

einem warmen Ort 15 Mi-
nuten gehen lassen.
2. Das aufgegangene Hefestück mit etwas Mehl
bestreuen, das restliche
lauwarme Wasser, Salz und
Pfeffer, die getrockneten
Kräuter sowie die gehackten
Pistazien hinzufügen und
alles gut 10 Minuten kneten.
3. Den Teig teilen, die
beiden Teigkugeln glatt-
streichen und in eine
bemehlte Schüssel legen.
Die Schüssel in eine
Plastiktüte stecken, mit
einem Tuch abdecken und
an einem warmen Ort 5 bis
6 Stunden gehen lassen.
4. Den Teig nochmals gut
durchkneten und 4 gleich
lange Stangen formen, auf
das eingefettete Backblech
setzen und 15 Minuten

gehen lassen, dann mit
etwas lauwarmem Wasser
bestreichen, mit einem
scharfen Messer einige
1 cm tiefe schräge Ein-
schnitte anbringen und die
ganzen Pistazien in die
Oberfläche drücken.
5. Die Pistazienstangen im
vorgeheizten Backofen bei
240 Grad (Gas Stufe 5)
10 Minuten backen, dann die
Temperatur auf 200 Grad herunterschalten und weitere 25
bis 30 Minuten backen. 10
Minuten vor Backende wer-
den die Brote nochmals mit
etwas Wasser bestrichen.
(Foto Seite 49)

DER GUTE TIP

Verwenden Sie statt der
gehackten und der
ganzen Pistazien die gleiche Menge feingehackte
und sehr grob gehackte
Walnüsse, Mandeln,
Haselnüsse, Erdnüsse
oder Pinienkerne.
Die knusprigen Brot-
stangen auf dieser Dop-
pelseite schmecken am
besten frisch, d.h. gleich
nach dem Abkühlen mit
etwas Käse, Wurst und
Schinken zu Wein oder
Bier servieren.

Dunkle Brote mit Roggen

*Delikat, gesund und sättigend: kerniges und
saftiges Vollkornbrot mit frischer Butter, würzigem Käse und
mild geräuchertem Schinken, dazu ein paar rotbäckige Radieschen
und ein eisgekühlter Wacholderschnaps. Im Gegensatz zu
Weizenbroten werden die festeren Roggen- und Roggenmisch-
brote meistens mit Sauerteig gelockert. Das ist nicht
schwieriger als mit Hefe zu backen, dauert aber in der Regel
etwas länger. Schauen Sie rein, in unsere herzhafte
Vollkornbackstube aus Schrot und Korn und beißen Sie kräftig zu.*

*Schinken-Vollkornbrot,
Rezept Seite 52*

Schinken-Vollkornbrot

Für etwa 20 Scheiben

Vorteig (Seite 17):
300 g Roggenvollkornschrot
300 ml lauwarmes Wasser
1 gehäufter TL Grundansatz
(Backferment)
1 gehäufter TL Backferment

Hauptteig:
200 g Speiseroggenkörner
kochendes Wasser
100 g Roggenvollkornschrot
400 g Roggenmehl Type 1150
etwa 1/4 l warmes Wasser
(45 Grad)
4 TL Salz
2 EL Rübensirup
3 EL Sonnenblumenöl
etwas Mehl zum Bearbeiten
Butter für die Backform
3 EL Speiseroggenkörner

1. Der Vorteig muß – wie auf Seite 17 ausführlich beschrieben – 12 Stunden gären. Mischen Sie den Vollkornschrot mit dem Wasser, dem Grundansatz aus Backferment sowie dem angerührten Backferment. Die Schüssel mit dem Vorteig in eine Plastiktüte schieben, mit einem Tuch abdecken und 12 Stunden an einem warmen Ort stehen lassen.
2. Für den Hauptteig ebenfalls am Vorabend den Speiseroggen mit kochendem Wasser übergießen und 12 Stunden ruhen lassen.
3. Nach 12 Stunden den Speiseroggen abgießen und die Körner mit dem gärenden Vorteig, dem Roggen-vollkornschrot, dem Roggenmehl, dem warmen Wasser, Salz, Sirup und dem Öl mischen und 10 Minuten kräftig kneten, bis der Teig nicht mehr klebt. Ist er zu feucht, noch etwas Mehl hinzufügen, ist er zu trocken, noch etwas Wasser dazugießen.
4. Den geschmeidigen Teig in eine bemehlte Schüssel legen, in eine Plastiktüte schieben, mit einem Tuch abdecken und an einem warmen Ort 60 Minuten gehen lassen.
5. Den gegangenen Teig auf ein mit Mehl bestreutes Backbrett stürzen und nochmals kräftig durchkneten. Anschließend einen länglichen Laib formen und in eine gefettete Kastenform (etwa 35 cm) legen. Mit einem Tuch abdecken und nochmals solange an einem warmen Ort gehen lassen, bis sich der Teig verdoppelt hat.
6. Anschließend mit lauwarmem Wasser bepinseln, mit dem Speiseroggen bestreuen und für 10 Minuten in dem vorgeheizten Backofen bei 240 Grad (Gas Stufe 5) backen. Vor Backbeginn eine feuerfeste Schüssel mit kochendem Wasser auf den Herdboden stellen. Anschließend die Temperatur auf 200 Grad (Gas Stufe 3) herunterschalten und weitere 45 bis 50 Minuten backen. Das Brot alle 20 Minuten mit lauwarmem Wasser bestreichen, aber darauf achten, daß die Körner nicht abfallen.
(Foto Seite 50/51)

Heidebrot

Für etwa 20 Scheiben

Vorteig (Seite 17):
250 g Weizenmehl Type 1050
50 g Roggenvollkornschrot
300 ml lauwarmes Wasser
2 EL Sauerteig (50 g)

Hauptteig:
500 g Roggenmehl Type 1800
(Backschrot)
200 g Buchweizenmehl
etwa 1/4 l warmes Wasser
(45 Grad)
4 TL Salz
1 EL Honig
2 EL Distelöl
etwas Mehl zum Bearbeiten
Butter fürs Backblech
2 EL Dosenmilch

1. Der Vorteig muß – wie auf Seite 17 ausführlich beschrieben – 12 Stunden gären. Mischen Sie, wie erklärt, das Weizenmehl und den Roggenvollkornschrot mit dem warmen Wasser und dem Grundansatz Sauerteig. Schieben Sie die Schüssel in eine Plastiktüte und decken Sie ein Tuch darüber. Lassen Sie den Vorteig an einem warmen Ort 12 Stunden ruhen.
2. Den gärenden Vorteig am nächsten Tag mit den beiden Mehlsorten, dem warmen Wasser, Salz, Honig und dem Öl 10 Minuten kneten, bis der Teig nicht mehr klebt und geschmeidig ist. Den Teig in eine mit Mehl bestreute Schüssel legen, in eine Plastiktüte schieben, mit einem Tuch

Foto 1

Foto 2

Foto 3

Foto 4

Foto 5

abdecken und 60 Minuten
an einem warmen Ort
gehen lassen.

3. Den gegangenen Teig auf
ein mit Mehl bestreutes
Backbrett stürzen und
nochmals 5 Minuten kräftig
durchkneten *(Foto 1)*.

4. Aus dem Teig eine etwa
90 cm lange Rolle formen
und die Rollenmitte zu einer
Öse legen *(Foto 2)*. Nun den
unteren Teigstrang von oben
nach unten, den oberen
Teigstrang von unten nach
oben durch die Öse stecken
(Foto 3). In der Mitte der
Öse ist jetzt noch ein kleiner
Hohlraum. In ihn stecken
Sie die beiden Teigstränge,
und zwar auf der gegenü-
berliegenden Seite von
unten nach oben und von
oben nach unten *(Fotos 4
und 5)*.

5. Den derart geflochtenen
Laib auf ein gefettetes Backblech legen, abdecken und
an einem warmen Ort
60 Minuten gehen lassen.
Sollte das Brot auseinan-
derlaufen, legen Sie um
ihn herum einen dicken
Streifen Alufolie. Den
geflochtenen Laib mit der
Dosenmilch oder mit
Wasser bestreichen.

6. Das Brot im vorgeheizten
Backofen bei 240 Grad (Gas
Stufe 5) 10 Minuten backen.
Vor Backbeginn eine feuerfeste Schüssel mit kochendem Wasser auf den Herd-
boden stellen. Anschließend
die Temperatur auf 220 Grad
(Gas Stufe 4) herunterschalten und das Brot weitere
40 bis 45 Minuten backen.
(Foto Seite 53)

Roggenbrot

Für etwa 20 Scheiben

Vorteig (Seite 17):

300 g Roggenmehl Type 1370

300 ml lauwarmes Wasser

1 gehäufter TL Grundansatz
(Backferment)

1 gehäufter TL Backferment

Hauptteig:

300 g Roggenmehl Type 1370

400 g Roggenmehl Type 1800
(Backschrot)

etwa 350 ml warmes Wasser
(45 Grad)

4 TL Salz

1 EL Sonnenblumenöl

etwas Mehl zum Bearbeiten

Butter für die Backform

1. Der Vorteig muß – wie auf Seite 17 ausführlich beschrieben – 12 Stunden gären. Mischen Sie, wie erklärt, das Roggenmehl mit dem lauwarmen Wasser, dem Grundansatz aus Backferment sowie dem angerührten Backferment. Die Schüssel mit dem Vorteig in eine Plastiktüte schieben, mit einem Tuch abdecken und 12 Stunden an einem warmen Ort stehen lassen.

2. Für den Hauptteig geben Sie zu dem gärenden Vorteig die beiden Mehlsorten, das warme Wasser, Salz sowie das Öl.

3. Alle Zutaten solange kneten, bis ein geschmeidiger Teig entsteht, der nicht mehr an den Händen klebt. Den Teig glattstreichen und in eine bemehlte Schüssel legen. Diese in eine Plastik-

tüte schieben, mit einem Tuch abdecken und an einem warmen Ort 60 Minuten gehen lassen.

4. Den gegangenen Teig auf ein bemehltes Backbrett stürzen und nochmals tüchtig durchkneten. Den Teig zu einem Laib formen. Eine runde oder längliche Backform einfetten, den Laib einfüllen, mit einem Tuch abdecken und nochmals 60 Minuten gehen lassen, bis sich der Teig verdoppelt hat.

5. Die Teigoberfläche mit einem scharfen Messer längs oder kreuzweise einschneiden, damit das Brot beim Backen besser aufgeht.

6. Die Form in den vorgeheizten Backofen schieben und das Brot zunächst bei 240 Grad (Gas Stufe 5) 10 Minuten backen. Vor Backbeginn eine feuerfeste Schüssel mit kochendem Wasser auf den Herdboden stellen. Anschließend die Temperatur herunterschalten und das Brot bei 200 Grad (Gas Stufe 3) weitere 45 bis 50 Minuten backen.

7. Das Brot aus dem Ofen nehmen, sofort mit lauwarmem Wasser bestreichen, mit etwas Mehl bestäuben, aus der Form stürzen und auf einem Kuchengitter völlig auskühlen lassen. Dieses goldbraune Brot mit der festen Kruste eignet sich besonders gut als Unterlage für würzige Aufstriche wie Wurst, Käse und Schinken.
(Foto Seite 54/55)

Schwedisches Kastenbrot

Für etwa 20 Scheiben

700 g Roggenmehl Type 1370
300 Weizenmehl Type 550
30 g Hefe
½ TL Zucker
⅛ l lauwarmes Wasser
150 g Hensels Natursauerteig
(aus dem Reformhaus)
4 EL Rübensirup
60 g weiche Butter
etwa ⅛ l lauwarmes Wasser
abgeriebene Schale von 1 Orange
oder 1 Beutel Orange-back
3 TL Salz
2 Msp. Kardamom
1 EL Fenchel, gemahlen
1 TL Kümmel, gemahlen
etwas Mehl zum Bearbeiten
Butter für die Form

1. Die beiden Mehlsorten in einer Schüssel mischen. Mit einem Löffel eine Mulde drücken, die Hefe hineinbröckeln, mit dem Zucker bestreuen und mit dem Wasser und etwas Mehl vom Rand einen Brei rühren.

2. Die Schüssel abdecken und an einem warmen Ort 15 Minuten gehen lassen.

3. Das Hefestück mit etwas Mehl bestäuben. Den Beutel mit dem Sauerteig 30 Minuten in warmes Wasser legen, gut schütteln und zusammen mit dem Rübensirup und der Butter in die Schüssel geben und alle Zutaten miteinander grob mischen.

4. Falls der Teig zu trocken ist, noch etwas Wasser hinzufügen. Den Teig mindestens 10 Minuten kneten, bis er elastisch und geschmeidig. Dann zurück in die mit Mehl bestreute Schüssel legen, mit einem feuchten Tuch abdecken und an einem warmen Ort 60 Minuten gehen lassen.

5. Alle Gewürze kurz in den Brotteig kneten. Eine Kastenform (etwa 32 cm lang) gut einfetten, den Teig einfüllen und nochmals 30 Minuten gehen lassen.

6. Die Oberfläche des Brotes mit etwas Wasser bestreichen, dann im vorgeheizten Backofen bei 200 Grad (Gas Stufe 3) 55 bis 60 Minuten backen.

7. Das Brot 10 Minuten in der Form ruhen lassen, dann zum Auskühlen auf ein Kuchengitter stürzen.

— *DER GUTE TIP* —

Versuchen Sie auch einmal Brötchen aus diesem skandinavischen Brotrezept. Sie schmecken besonders frisch, wenn Sie die Brötchen im vorgeheizten Backofen bei 200 Grad (Gas Stufe 3) 8 Minuten vorbacken, auf einem Kuchengitter abkühlen lassen und lauwarm in Gefrierbeuteln einfrieren. Bei Bedarf werden sie gefroren im vorgeheizten Backofen bei 200 Grad etwa 20 Minuten fertig gebacken.

Buttermilch-Vollkornbrot

Für etwa 20 Scheiben

Vorteig (Seite 17):
300 g Roggenmehl Type 1370
¹/₄ l lauwarme Buttermilch
2 EL Sauerteig (50 g)

Hauptteig:
200 g Speiseroggenkörner
kochendes Wasser
100 g Roggenmehl Type 1150
200 g Roggenmehl Type 1800
(Backschrot)
300 g Weizenmehl Type 1700
(Backschrot)
100 g Kastanienmehl (aus dem
Reformhaus)
etwa ¹/₄ l warme Buttermilch
(45 Grad)
4 TL Salz
1 TL Kümmel, geschrotet
1 TL Fenchel, geschrotet
2 EL Sonnenblumenöl
etwas Mehl zum Bearbeiten
Butter für die Backform
3 EL Speiseroggenkörner

1. Der Vorteig muß – wie auf Seite 17 ausführlich beschrieben – 12 Stunden gären. Mischen Sie, wie erklärt, das Mehl mit der warmen Buttermilch und dem Grundansatz Sauerteig. Schieben Sie die Schüssel in eine Plastiktüte, decken Sie ein Tuch darüber und lassen Sie sie 12 Stunden an einem warmen Ort stehen.
2. Ebenfalls am Vortag werden die Speiseroggenkörner mit kochendem Wasser übergossen und beiseite gestellt.
3. Für den Hauptteig werden zuerst die eingeweich-

ten Roggenkörner abgegossen, dann mit dem gärenden Vorteig, den verschiedenen Mehlsorten, der warmen Buttermilch, dem Salz, den geschroteten (oder auch gemahlenen) Gewürzen und dem Öl mindestens 10 Minuten geknetet.
4. Eine Schüssel mit Mehl bestäuben, den Teig einfüllen, die Oberfläche glattstreichen, in eine Plastiktüte schieben, ein Tuch darüberdecken und an einem warmen Ort 60 Minuten ruhen lassen.
5. Den gegangenen Teig auf ein mit Mehl bestäubtes Backbrett stürzen und nochmals kräftig durchkneten. Dieser Teig neigt zum Kleben, deshalb nicht zuviel Mehl hinzufügen. Den Teig lieber immer wieder schwungvoll auf das bemehlte Backbrett werfen.
6. Eine Kastenform (etwa 36 cm lang) gut einfetten, den Teig einfüllen, glattstreichen, mit einem Tuch abdecken und nochmals 30 Minuten gehen lassen, bis sich das Teigvolumen verdoppelt hat.
7. Die Oberfläche mit lauwarmem Wasser bestreichen und mit den Roggenkörner bestreuen. Das Brot im vorgeheizten Backofen bei 240 Grad (Gas Stufe 5) 10 Minuten backen. Vor Backbeginn eine feuerfeste Schüssel mit kochendem Wasser auf den Herdboden stellen. Die Temperatur herunterschalten und das Brot bei 200 Grad (Gas Stufe 3) weitere 45 bis 50 Minuten backen.

Sechskornbrot

Für etwa 20 Scheiben

Vorteig (Seite 17):
300 g Weizenmehl Type 550
300 ml lauwarmes Wasser
1 gehäufter TL Grundansatz
(Backferment)
1 gehäufter TL Backferment

Hauptteig:
200 g Sechskornmischung
(ganze Körner, aus dem
Reformhaus)
kochendes Wasser
700 g Roggenmehl Type 1370
etwa 400 ml warmes Wasser
(45 Grad)
4 TL Salz
3 EL Kümmel, gemahlen
1 EL Sonnenblumenöl
etwas Mehl zum Bearbeiten
2 EL Sechskornmischung (s. o.)
Butter für die Form

1. Der Vorteig muß – wie auf Seite 17 ausführlich beschrieben – 12 Stunden gären. Mischen Sie, wie erklärt, das Mehl mit dem lauwarmen Wasser, dem Grundansatz aus Backferment sowie dem angerührten Backferment. Die Schüssel mit dem Vorteig in eine Plastiktüte schieben, mit einem Tuch abdecken und 12 Stunden an einem warmen Ort stehen lassen.
2. Für den Hauptteig ebenfalls am Vortag die Sechskornmischung mit kochendem Wasser übergießen und beiseite stellen.
3. Am folgenden Tag die Körner abgießen und mit dem gärenden Vorteig, dem

Roggenmehl, dem warmen Wasser, Salz und Kümmel sowie dem Öl mischen und mindestens 10 Minuten kneten. Den Teig in eine bemehlte Schüssel legen, in eine Plastiktüte schieben, mit einem Tuch abdecken und 60 Minuten an einem warmen Ort ruhen lassen.
4. Den gegangenen Teig auf ein bemehltes Backbrett stürzen, nochmals kneten und in eine gefettete Form setzen, ein Tuch darüberlegen und den Laib nochmals 40 Minuten gehen lassen, bis er sich verdoppelt hat.
5. Die Oberfläche mit warmem Wasser bestreichen und mit der Sechskornmischung bestreuen. Das Brot 10 Minuten im vorgeheizten Backofen bei 240 Grad (Gas Stufe 5) backen. Vor Backbeginn eine feuerfeste Schüssel mit kochendem Wasser auf den Herdboden stellen. Die Temperatur herunterschalten und das Brot bei 200 Grad (Gas Stufe 3) weitere 50 bis 55 Minuten backen.
(Foto Seite 57)

Probsteierhagener Schrotbrot

Für etwa 20 Scheiben

Vorteig (Seite 17):

300 g Weizenmehl Type 1700
(Backschrot)

300 ml lauwarmes Wasser

2 EL Sauerteig (50 g)

Hauptteig:

400 g Roggenmehl Type 1800
(Backschrot)

100 g Sechskornschrot (aus
dem Reformhaus)

50 g Leinsamen

150 g kernige Haferflocken

etwa ³/₈ l warmes Wasser
(45 Grad)

4 TL Salz

2 EL Rübensirup

1 EL Sonnenblumenöl

etwas Mehl zum Bearbeiten

Butter fürs Backblech

etwas lauwarmen Kaffee

2 EL Roggenmehl

1. Der Vorteig muß – wie
auf Seite 17 ausführlich
beschrieben – 12 Stunden
gären. Mischen Sie, wie
erklärt, das Mehl mit dem
warmen Wasser und dem
Grundansatz Sauerteig.
Schieben Sie die Schüssel in
eine Plastiktüte, decken Sie
ein Tuch darüber und lassen
Sie sie 12 Stunden an einem
warmen Ort stehen.
2. Für den Hauptteig
mischen Sie den gärenden
Vorteig mit dem Roggen-
mehl, dem Sechskorn-
schrot, den Leinsamen und
den kernigen Haferflocken,
dem lauwarmen Wasser,

Salz, Sirup und Öl. Den Teig
mindestens 10 Minuten
kneten, dann in eine mit
Mehl bestreute Schüssel
legen, mit einem Tuch
abdecken und an einem
warmen Ort 60 Minuten
ruhen lassen, bis sich der
Teig verdoppelt hat.
3. Den gegangenen Teig auf
ein bemehltes Backbrett
stürzen und nochmals
durchkneten, einen runden
Laib formen und auf ein
gefettetes Backblech legen.
Den Teig abgedeckt
nochmals 60 Minuten gehen
lassen, mit etwas lauwar-
mem Kaffee bestreichen
und mit einem scharfen
Messer kreuzweise 1 cm
tief einschneiden.
4. Das Brot im vorgeheizten
Backofen bei 240 Grad (Gas
Stufe 5) 10 Minuten backen.
Vor Backbeginn eine feuerfeste Schüssel mit kochendem Wasser auf den Herd-
boden stellen. Anschließend
die Temperatur herunter-
schalten und das Brot bei
200 Grad (Gas Stufe 3) weitere 45 bis 50 Minuten
backen. 10 Minuten vor
Backende, das Brot
nochmals mit etwas lauwarmem Kaffee bestreichen
und mit etwas Roggenmehl
bestäuben.
(Foto Seite 58/59)

Grahamlandbrot

Für etwa 20 Scheiben

Vorteig (Seite 17):

300 g Roggenmehl Type 1800
(Backschrot)
300 ml lauwarmes Wasser
2 EL Sauerteig (50 g)

Hauptteig:

450 g grobes Grahammehl
250 g Roggenmehl Type 1370
etwa ¼ warmes Wasser
(45 Grad)
4 TL Salz
3 EL Rübensirup
3 EL Sonnenblumenöl
etwas Mehl zum Bearbeiten
Butter fürs Backblech

1. Der Vorteig muß – wie
auf Seite 17 ausführlich
beschrieben – 12 Stunden
gären. Mischen Sie, wie
erklärt, das Mehl mit dem
warmen Wasser und dem
Grundansatz Sauerteig.
Schieben Sie die Schüssel in
eine Plastiktüte, decken Sie
ein Tuch darüber und lassen
Sie sie an einem warmen
Ort 12 Stunden stehen.
2. Für den Hauptteig
mischen Sie den gärenden
Vorteig mit den beiden
Mehlsorten, dem Wasser,
Salz und Sirup sowie dem
Öl. Den Teig mindestens
10 Minuten kneten, dann in
eine bemehlte Schüssel
legen, mit einem Tuch
abdecken und 60 Minuten
an einem warmen Ort
gehen lassen.
3. Den gegangenen Teig auf
ein bemehltes Backbrett
stürzen, nochmals durch-

kneten und einen runden
oder länglichen Laib formen,
auf ein gefettetes Backblech
setzen und abgedeckt
nochmals 45 Minuten gehen
lassen, bis sich der Teig verdoppelt hat.
4. Das Brot im vorgeheizten
Backofen bei 240 Grad (Gas
Stufe 5) 10 Minuten backen.
Vor Backbeginn eine feuerfeste Schüssel mit kochendem Wasser auf den Herd-
boden stellen. Anschließend
die Temperatur auf 200 Grad
(Gas Stufe 3) herunterschalten und das Brot weitere
40 bis 45 Minuten backen.
Das heiße Brot sofort mit
lauwarmem Wasser bestrei-
chen und auf einem Kuchengitter auskühlen lassen.
Ein dunkles, körniges und
herb schmeckendes Brot
mit einer nicht zu festen
Kruste, das auch noch nach
einigen Tagen herzhaft und
lecker schmeckt.

--- *DER GUTE TIP* ---

Wenn Sie kein Graham-
mehl bekommen, dann
mischen Sie zu gleichen
Teilen Weizenvollkorn-
schrot (oder Weizenmehl
Type 1700 = Backschrot)
mit Weizenmehl Type
1050.

Erdnußbrot

Für etwa 18 Scheiben

Vorteig (Seite 17):

300 g Roggenmehl Type 1800
(Backschrot)

300 ml lauwarmes Wasser

1 gehäufter TL Grundansatz
(Backferment)

1 gehäufter TL Backferment

Haupteig:

100 g Roggenmehl Type 1800
(Backschrot)

200 g Weizenmehl Type 550

200 g geröstete, ungesalzene
Erdnüsse (am besten frisch aus
der Schale gebrochen)

etwa 300 ml warmes Wasser
(45 Grad)

4 TL Salz, 2 EL Erdnußöl

etwas Mehl zum Bearbeiten

Butter für die Backform

30 g Erdnußkerne

1. Der Vorteig muß – wie
auf Seite 17 ausführlich
beschrieben – 12 Stunden
gären. Mischen Sie, wie
erklärt, das Roggenmehl mit
dem Grundansatz aus Back-
ferment sowie dem
angerührten Backferment.
Die Schüssel mit dem Vor-
teig in eine Plastiktüte schieben, mit einem Tuch
abdecken und 12 Stunden
an einem warmen Ort
stehen lassen.
2. Für den Haupteig den
gärenden Vorteig mit den
beiden Mehlsorten mischen.
Die Erdnüsse grob mahlen
und mit dem Wasser, dem
Salz und dem Öl zum Teig
geben und alles gründlich
10 Minuten kneten.

3. Eine Schüssel mit Mehl
bestäuben, den Teig einfüllen, in eine Plastiktüte schieben, mit einem Tuch ab-
decken und an einem war-
men Ort 60 Minuten gehen
lassen.
4. Anschließend den gegangenen Teig auf ein bemehltes Backbrett stürzen und
nochmals kräftig durchkneten.
5. Eine Kastenform (etwa
34 cm) einfetten, den Teig
einfüllen und die Oberfläche
glattstreichen. Abgedeckt
nochmals 60 Minuten gehen
lassen, bis sich der Teig verdoppelt hat.
6. Die Teigoberfläche mit
einem scharfen Messer
kreuzweise 1 cm tief ein-
schneiden, dann mit lauwarmem Wasser bestreichen
und die Erdnüsse leicht hineindrücken. Das Brot im vorgeheizten Backofen bei 240
Grad (Gas Stufe 5) 10 Minuten backen. Vor Backbeginn
eine feuerfeste Schüssel

mit kochendem Wasser auf
den Herdboden stellen.
Anschließend die Tempera-
tur herunterschalten und
das Brot bei 200 Grad (Gas
Stufe 3) weitere 45 bis
50 Minuten backen.
(Foto Seite 60)

Malz-Haselnuß-Brot

Für etwa 20 Scheiben

Vorteig (Seite 17):

*300 g Roggenmehl Type 1800
(Backschrot)*
300 ml lauwarmes Wasser
*1 gehäufter TL Grundansatz
(Backferment)*
1 gehäufter TL Backferment

Hauptteig:

*100 g Roggenmehl Type 1800
(Backschrot)*
*250 g Weizenmehl Type 1700
(Backschrot)*
250 g Roggenmehl Type 815
*170 g gehackte Haselnüsse
(oder gehackte Walnüsse)*
*etwa ¹/₄ l warme Milch
(45 Grad)*
4 TL Salz
100 g Biomalz
3 EL Haselnußöl
etwas Mehl zum Bearbeiten
Butter fürs Backblech
30 g ganze Haselnüsse

1. Der Vorteig muß – wie auf Seite 17 ausführlich beschrieben – 12 Stunden gären. Mischen Sie, wie erklärt, das Roggenmehl mit dem lauwarmen Wasser, dem Grundansatz aus Backferment sowie dem angerührten Backferment. Die Schüssel in eine Plastiktüte schieben, mit einem Tuch abdecken und 12 Stunden an einem warmen Ort stehen lassen.

2. Für den Hauptteig den gärenden Vorteig mit den 3 Mehlsorten, den gehackten Haselnüssen, der Milch, Salz, Malz und dem Öl mischen und mindestens 10 Minuten kneten.

3. Eine Schüssel mit Mehl bestäuben und den Teig einfüllen, in eine Plastiktüte schieben, mit einem Tuch abdecken und an einem warmen Ort 45 Minuten gehen lassen, bis sich der Teig verdoppelt hat.

4. Den gegangenen Teig auf ein bemehltes Backbrett stürzen und nochmals kräftig durchkneten, anschließend zu einem länglichen Laib formen.

5. Den Brotlaib auf das eingefettete Backblech setzen und abgedeckt nochmals 60 Minuten gehen lassen. Anschließend mit lauwarmem Wasser bestreichen und die Haselnußkerne in gleichmäßigen Abständen in die Oberfläche drücken.

6. Das Brot im vorgeheizten Backofen bei 240 Grad (Gas Stufe 5) 10 Minuten backen. Vor Backbeginn eine feuerfeste Schüssel mit kochendem Wasser auf den Herdboden stellen. Die Temperatur auf 200 Grad (Gas Stufe 3) herunterschalten und das Brot weitere 45 bis 50 Minuten backen. Dieses feinwürzige Brot mit dem auffallenden nussigen Geschmack auf einem Kuchengitter auskühlen lassen.
(Foto Seite 61)

Leinsamenbrot

Für etwa 20 Scheiben

Vorteig (Seite 17):

300 g Weizenmehl Type 1700
(Backschrot)
300 ml lauwarmes Wasser
1 gehäufter TL Grundansatz
(Backferment)
1 gehäufter TL Backferment

Hauptteig:

350 g Roggenmehl Type 815
200 g Sechskornschrot (aus
dem Reformhaus)
100 g Grünkernschrot (aus dem
Reformhaus)
100 g Leinsamenschrot
etwa $1/4$ l warmes Wasser
(45 Grad)
4 TL Salz
1 EL Schabzigerklee (aus dem
Reformhaus)
4 EL Leinöl
etwas Mehl zum Bearbeiten
Butter fürs Backblech

1. Der Vorteig muß – wie auf Seite 17 ausführlich beschrieben – 12 Stunden gären. Mischen Sie, wie erklärt, das Weizenmehl mit dem lauwarmen Wasser, dem Grundansatz aus Backferment sowie dem angerührten Backferment. Die Schüssel mit dem Vorteig in eine Plastiktüte schieben, mit einem Tuch abdecken und mindestens 12 Stunden an einem warmen Ort stehen lassen.
2. Für den Hauptteig den gärenden Teig mit dem Roggenmehl, den 3 Schrotmehlen, dem warmen Wasser, Salz und Schabzigerklee

sowie dem Öl mischen und mindestens 10 Minuten kneten.
3. Den Teig in eine bemehlte Schüssel legen, in eine Plastiktüte schieben, mit einem Tuch abdecken und an einem warmen Ort 60 Minuten gehen lassen.
4. Den gegangenen Teig auf ein mit Mehl bestreutes Backbrett stürzen, nochmals tüchtig kneten und zu einem länglichen Laib formen.
5. Den Brotlaib auf das eingefettete Backblech setzen, abdecken und nochmals 60 Minuten an einem warmen Ort gehen lassen, bis sich der Umfang verdoppelt hat.
6. Die Teigoberfläche mit lauwarmem Wasser bestreichen und mit einem scharfen Messer zwei 1 cm tiefe Längsschnitte anbringen.
7. Das Leinsamenbrot im vorgeheizten Backofen bei 240 Grad (Gas Stufe 5) 10 Minuten backen. Vor Backbeginn eine feuerfeste Schüssel mit kochendem Wasser auf den Herdboden stellen. Anschließend die Temperatur auf 200 Grad (Gas Stufe 3) herunterschalten und das Brot weitere 45 bis 50 Minuten backen. Dieses kernige Brot mit dem feinen Schabzigerklee-Geschmack eignet sich für kräftige Käse- und Wurstbeläge.
(Foto Seite 62)

Pumpernickel

Für etwa 16 Scheiben

400 g Roggenmehl Type 1800
(Backschrot)
100 g Weizengrütze (aus dem
Reformhaus)
2 EL Rübensirup
2 EL Sonnenblumenöl
3 TL Salz
1 TL Kümmel, gemahlen
4 EL Weizenkleie
etwa 900 ml kochendes Wasser
250 g Weizenvollkornmehl
Butter für die Form

1. Das Roggenmehl mit der Weizengrütze in einer Schüssel mischen. Darüber den Rübensirup, das Sonnenblumenöl, das Salz, den Kümmel und die Weizenkleie geben.
2. Langsam das kochende Wasser dazugießen und alles gut mischen.
3. Die Schüssel mit dem Teig in eine Plastiktüte schieben, mit einem Tuch abdecken und 12 Stunden stehen lassen.
4. Am folgenden Tag nur soviel Weizenvollkornmehl dazugeben, daß ein fester Teig entsteht. Den Teig 10 Minuten kneten.
5. Eine rechteckige Backform gut einfetten, den Teig einfüllen, glattstreichen und mit eingefetteter Alufolie abdecken. Die Form in ein Wasserbad stellen, kochendes Wasser etwa 3 cm hoch einfüllen und das Brot im vorgeheizten Backofen bei 100 Grad (Gas Stufe $1/2$) 5 Stunden mehr trocknen als backen.

6. Den Pumpernickel in der Form auskühlen lassen, dann in feuchtes Butterbrotpapier wickeln und 2 Tage an einem kühlen Ort (Kühlschrank) ruhen lassen. Dieses saftige Brot wird am besten mit einem elektrischen Messer in dünne Scheiben geschnitten.

Finnlandbrot

Für etwa 12 Scheiben

50 g Hefe
1 TL Zucker
etwa $1/4$ l lauwarmes Wasser
2 EL flüssige Butter
2 EL saure Sahne, 2 TL Salz
300 g Roggenmehl Type 815
200 g Weizenmehl Type 1050
etwas Mehl zum Bearbeiten

1. Die Hefe mit dem Zucker in dem Wasser auflösen und an einem warmen Ort 30 Minuten ruhen lassen. Die Butter mit der Sahne und dem Salz verrühren.
2. Die beiden Mehlsorten in einer angewärmten Schüssel mischen, den Hefeansatz und die Butter-Sahne-Mischung dazugeben und alle Zutaten mindestens 10 Minuten kneten.
3. Den Teig zu einer abgeflachten Kugel formen, auf ein mit Backpapier ausgelegtes Backblech setzen, abdecken und 60 Minuten gehen lassen.
4. Das Brot im vorgeheizten Backofen bei 200 Grad (Gas Stufe 3) 50 bis 55 Minuten backen.

Möhrenbrot

Für etwa 20 Scheiben

Vorteig (Seite 17):
300 g Roggenmehl Type 1150
300 ml lauwarmes Wasser
2 EL Sauerteig (50 g)

Hauptteig:
300 g Roggenmehl Type 1800
(Backschrot)
200 g Roggenmehl Type 1150
300 g Weizenmehl Type 1050
200 g geriebene Möhren
etwa 1/8 l warmes Wasser
(45 Grad)
4 TL Salz
1 TL Zucker
1 TL gemahlener weißer Pfeffer
2 EL Sonnenblumenöl
etwas Mehl zum Bearbeiten
Butter fürs Backblech

1. Der Vorteig muß – wie auf Seite 17 ausführlich beschrieben – 12 Stunden gären. Mischen Sie, wie erklärt, das Mehl mit dem lauwarmen Wasser und dem Grundansatz Sauerteig. Schieben Sie die Schüssel in eine Plastiktüte, legen Sie ein Tuch darüber und stellen Sie sie 12 Stunden an einen warmen Ort.
2. Für den Hauptteig wird der gärende Vorteig mit den 3 Mehlsorten, den geriebenen Möhren, dem warmen Wasser, Salz und Zucker, Pfeffer und Sonnenblumenöl gemischt und mindestens 10 Minuten geknetet.
3. Den Teig in eine mit Mehl bestreute Schüssel legen, mit einem Tuch abdecken

und an einem warmen Ort 60 Minuten ruhen lassen.
4. Den gegangenen Teig auf ein bemehltes Backbrett stürzen, nochmals durchkneten und einen runden Laib formen.
5. Den Brotlaib auf das eingefettete Backblech setzen, eventuell einen Tortenring um den Laib legen, abdecken und nochmals 60 Minuten gehen lassen, bis sich der Umfang verdoppelt hat.
6. Die Brotoberfläche mit lauwarmem Wasser bestreichen und mit einem Schaschlikspieß gleichmäßig einstechen.
7. Das Möhrenbrot im vorgeheizten Backofen bei 240 Grad (Gas Stufe 5) 10 Minuten backen. Falls

vorhanden, den Tortenring entfernen. Vor Backbeginn eine feuerfeste Schüssel mit kochendem Wasser auf den Herdboden stellen. Anschließend die Temperatur herunterschalten und das Brot weitere 45 bis 50 Minuten backen.
(Foto Seite 64)

Korianderbrot

Für etwa 20 Scheiben

Vorteig (Seite 17):

300 g Roggenmehl Type 1150

300 ml lauwarmes Wasser

2 EL Sauerteig (50 g)

Hauptteig:

450 g Roggenmehl Type 1800
(Backschrot)

250 g Weizenmehl Type 1700
(Backschrot)

100 g Hirse (aus dem
Reformhaus)

50 g Sojaschrot (aus dem
Reformhaus)

2 EL Korianderkörner

etwa $^3/_8$ l warmes Wasser
(45 Grad)

4 TL Salz

2 EL flüssiger Honig

2 EL Sonnenblumenöl

abgeriebene Schale von $^1/_2$
unbehandelten Zitrone

etwas Mehl zum Bearbeiten

Butter fürs Backblech

2 EL Korianderkörner

1. Der Vorteig muß – wie
auf Seite 17 ausführlich
beschrieben – 12 Stunden
gären. Mischen Sie, wie
erklärt, das Mehl mit dem
warmen Wasser und dem
Grundansatz Sauerteig.
Schieben Sie die Schüssel
in eine Plastiktüte, legen
Sie ein Tuch darüber und
lassen Sie sie 12 Stunden
an einem warmen Ort
stehen.
2. Für den Hauptteig
mischen Sie am folgenden
Tag den gärenden Vorteig
mit den beiden Mehlsorten,
der Hirse und dem

Sojaschrot. Die Korianderkörner im Mörser etwas zerkleinern und zu den Mehl-
sorten geben, ebenso das
warme Wasser, Salz, Honig,
Öl und die abgeriebene
Zitronenschale. Den Teig
mindestens 10 Minuten
kneten, bis er geschmeidig
und elastisch ist.
3. Eine Schüssel mit Mehl
bestäuben, den Teig einfüllen, mit einem Tuch
abdecken und an einem
warmen Ort 60 Minuten
ruhen lassen.

4. Den gegangenen Teig auf
ein bemehltes Backbrett
stürzen und nochmals
kräftig durchkneten, dann
einen runden Laib formen
und auf ein gefettetes Backblech setzen. Den Laib
abgedeckt nochmals 60 bis
70 Minuten gehen lassen,
bis sich der Umfang ver-
doppelt hat.
5. Das Brot mit einem
scharfen Messer kreuz-
weise einschneiden, mit lauwarmem Wasser bestrei-
chen und vorsichtig die

Korianderkörner in die Oberfläche drücken.
6. Anschließend im vorgeheizten Backofen bei 240
Grad (Gas Stufe 5) 10 Minuten backen. Vor Backbeginn
eine feuerfeste Schüssel
mit kochendem Wasser auf
den Herdboden stellen.
Anschließend die Tempe-
ratur auf 200 Grad (Gas
Stufe 3) herunterschalten
und das Korianderbrot weitere 50 bis 55 Minuten
backen.
(Foto Seite 65)

Tiroler Bauernbrot

Für etwa 20 Scheiben

Vorteig:
250 g Weizenmehl Type 1050
1 Würfel Hefe
1 TL Zucker
1/4 l lauwarmes Wasser

Hauptteig:
250 g Weizenmehl Type 1050
500 g Roggenmehl Type 1370
etwa 1/4 l lauwarmes Wasser
4 TL Salz
1 TL Anis, geschrotet
1 TL Koriander, geschrotet
etwas Mehl zum Bearbeiten
Butter fürs Backblech
1 Eiweiß

1. Für den Vorteig das Mehl in eine Schüssel sieben, die Hefe hineinbröckeln und mit dem Zucker bestreuen. Anschließend das lauwarme Wasser hinzugießen und alles mit einem Schneebesen kräftig verrühren. Die Schüssel in eine Plastiktüte schieben, mit einem Tuch abdecken und an einem warmen Ort 12 Stunden ruhen lassen.
2. Für den Hauptteig den gärenden Vorteig mit den beiden Mehlsorten, dem lauwarmen Wasser, Salz und den Gewürzen mischen und mindestens 10 Minuten kräftig kneten. Dann in eine bemehlte Schüssel legen, mit einem Tuch abdecken und an einem warmen Ort 60 Minuten gehen lassen.
3. Den gegangenen Teig auf ein bemehltes Backbrett stürzen, nochmals durch-

kneten und zu einem runden Laib formen. Dann auf das gefettete Backblech setzen, abdecken und nochmals 30 Minuten gehen lassen. Vor dem Backen mit dem leicht geschlagenen Eiweiß bestreichen.
4. Das Brot im vorgeheizten Backofen bei 240 Grad (Gas Stufe 5) 10 Minuten backen. Vor Backbeginn eine feuerfeste Schüssel mit kochendem Wasser auf den Herdboden stellen. Anschließend die Hitze auf 200 Grad (Gas Stufe 3) herunterschalten und das Brot weitere 45 bis 50 Minuten backen. 10 Minuten vor Backende, das Brot mit dem restlichen Eiweiß bestreichen und mit etwas Salz bestreuen.

--- DER GUTE TIP ---

Die Dampfschwaden im vorgeheizten Backofen sorgen dafür, daß sich nicht sofort eine feste Kruste bildet. Dadurch kann das Brot besser aufgehen.
Wenn ein Teig nach dem Kneten nicht aufgeht, also sitzenbleibt, sollte er gar nicht erst gebacken werden. Der Fehler kann unter anderem in alter Hefe, kalten Zutaten, einem „schlechtgewordenen" Sauerteig oder Zugluft zu suchen sein.

Berliner Brot

Für etwa 20 Scheiben

Vorteig (Seite 17):
300 g Roggenmehl Type 1150
350 ml lauwarmes Wasser
1 gehäufter TL Grundansatz
(Backferment)
1 gehäufter TL Backferment

Hauptteig:
700 g Roggenmehl Type 1150
etwa 200 ml warmes Wasser
(45 Grad)
4 TL Salz
2 EL Rübensirup
1 EL Distelöl
etwas Mehl zum Bearbeiten
Butter fürs Backblech

1. Der Vorteig muß – wie auf Seite 17 ausführlich beschrieben – 12 Stunden gären. Mischen Sie, wie erklärt, das Roggenmehl mit dem lauwarmen Wasser, dem Grundansatz aus Backferment sowie dem angerührten Backferment. Die Schüssel mit dem Vorteig in eine Plastiktüte schieben, mit einem Tuch abdecken und an einem warmen Ort stehen lassen.
2. Für den Hauptteig wird der gärende Vorteig mit dem Roggenmehl, dem lauwarmen Wasser, Salz, Rübensirup und Öl gemischt und mindestens 10 Minuten geknetet.
3. Eine Schüssel mit Mehl bestäuben, den Teig einfüllen, mit einem Tuch abdecken und an einem warmen Ort mindestens 60 Minuten gehen lassen,

bis sich der Teig verdoppelt hat.
4. Den gegangenen Teig auf ein bemehltes Backbrett stürzen, nochmals durchkneten und einen runden Laib formen. Einen runden Backkorb aus Peddigrohr mit Mehl bestreuen und den Teig hineinsetzen, abgedeckt nochmals 45 Minuten gehen lassen. Wer keinen Backkorb besitzt, legt den runden Brotlaib auf das gefettete Backblech und läßt ihn gehen.
5. Den gegangenen Brotlaib aus dem Backkorb auf das gefettete Backblech stürzen. (Den gegangenen Laib auf dem Backblech mit lauwarmem Wasser bestreichen und mit etwas Mehl bestäuben.)
6. Das Brot im vorgeheizten Backofen bei 240 Grad (Gas Stufe 5) 10 Minuten backen. Vor Backbeginn eine feuerfeste Schüssel mit kochendem Wasser auf den Herdboden stellen. Anschließend die Temperatur auf 200 Grad (Gas Stufe 3) herunterschalten und das Brot weitere 45 bis 50 Minuten backen. Dieses kernige Brot gewinnt erst nach 2 bis 3 Tagen seinen vollen Geschmack, wie übrigens alle Sauerteigbrote. *(Foto Seite 67)*

Norddeutsches Landbrot

Für etwa 20 Scheiben

Vorteig (Seite 17):

300 g Roggenmehl Type 1150
350 ml lauwarmes Wasser
2 EL Sauerteig (50 g)

Hauptteig:

400 g Roggenmehl Type 1150
300 g Weizenmehl Type 1050
etwa 200 ml lauwarme
Buttermilch
4 TL Salz
$\frac{1}{2}$ TL Pfeffer aus der Mühle
1 TL Kümmel, gemahlen
1 EL Sonnenblumenöl
etwas Mehl zum Bearbeiten
Butter fürs Backblech

1. Der Vorteig muß – wie auf Seite 17 ausführlich beschrieben – 12 Stunden gären. Mischen Sie, wie erklärt, das Mehl mit dem lauwarmen Wasser und dem Grundansatz Sauerteig. Schieben Sie die Schüssel in eine Plastiktüte, decken Sie ein Tuch darüber und lassen Sie sie 12 Stunden an einem warmen Ort stehen.
2. Für den Hauptteig wird der gärende Teig mit den beiden Mehlsorten, der lauwarmen Buttermilch, Salz, Pfeffer, Kümmel und Öl gemischt und mindestens 10 Minuten geknetet. Falls der Teig an den Händen klebt, noch etwas Mehl dazugeben, ist er zu fest oder krümelig, hilft dagegen etwas lauwarmes Wasser oder lauwarme Buttermilch.

3. Eine Schüssel mit Mehl bestäuben und den gekneteten Teig einfüllen, mit einem Tuch abdecken und an einem warmen Ort 60 Minuten gehen lassen.
4. Den Teig auf ein bemehltes Backbrett stürzen, nochmals durchkneten und zu einem länglichen Laib formen. Den Laib auf ein gefettetes Backblech setzen oder in einen länglichen, bemehlten Backkorb aus Peddigrohr.
5. Das Brot an einem warmen Ort abgedeckt nochmals 60 Minuten gehen lassen, dann aus dem Backkorb auf das eingefettete Backblech stürzen. Ist das Brot auf dem Backblech gegangen, wird es mit etwas lauwarmem Wasser bestrichen und mit etwas Mehl bestäubt.
6. Das Brot im vorgeheizten Backofen bei 240 Grad (Gas Stufe 5) 10 Minuten backen. Vor Backbeginn eine feuerfeste Schüssel mit kochendem Wasser auf den Herdboden stellen. Anschließend die Temperatur herunterschalten und das Brot weitere 40 bis 45 Minuten backen.
(Foto Seite 68/69)

Kleiebrot

Für etwa 20 Scheiben

400 g Roggenmehl Type 815
400 g Weizenvollkornmehl
200 g Steinmetz Edelkleie (aus dem Reformhaus)
1 ½ Würfel Hefe
1 TL Zucker
etwa 600 ml lauwarmes Wasser
4 TL Salz
1 P. Brechts Brotgewürz (aus dem Reformhaus)
etwas Mehl zum Bearbeiten
Butter fürs Backblech
4 EL lauwarmer Kaffee

1. Die beiden Mehlsorten sowie die Kleie in einer Schüssel mischen. Mit einem Löffel eine Mulde drücken, die Hefe hinein- bröckeln, mit dem Zucker bestreuen und mit etwas lauwarmem Wasser und ein wenig Mehl vom Rand einen Brei rühren. Die Schüssel abdecken und an einem warmen Ort 15 Minu- ten gehen lassen.
2. Das Hefestück mit etwas Mehl bestäuben, die rest- liche Flüssigkeit, das Salz sowie das Brotgewürz hin- zufügen und alles minde- stens 10 Minuten kneten.
3. Eine Schüssel mit Mehl bestäuben, den Teig einfül- len, mit einem Tuch abdecken und an einem warmen Ort 60 Minuten gehen lassen.
4. Den gegangenen Teig auf ein bemehltes Backbrett stürzen, nochmals durch- kneten und zu einem runden Laib formen. Ein Backblech

einfetten, den Laib darauf- setzen und abgedeckt nochmals 45 Minuten an einem warmen Ort gehen lassen.
5. Das Brot im vorgeheizten Backofen bei 240 Grad (Gas Stufe 5) 10 Minuten backen. Vor Backbeginn eine feuer- feste Schüssel mit kochen- dem Wasser auf den Herd- boden stellen. Anschließend die Temperatur auf 200 Grad (Gas Stufe 3) herunterschal- ten und das Brot weitere 45 bis 50 Minuten backen.
6. Das fertige Brot auf ein Kuchengitter legen, mit etwas lauwarmem Kaffee bestreichen und vor dem Anschneiden völlig aus- kühlen lassen.
Dieses interessant gewürzte Brot mit der rauhen Kruste ist durch seinen hohen Kleiegehalt besonders ver- dauungsfördernd.

--- DER GUTE TIP ---

So prüfen Sie, ob Ihr Brot durchgebacken ist: Heben Sie das gebacke- ne Brot mit einem Pfan- nenwender leicht an und klopfen Sie mit einem Fingerknöchel auf den Boden. Ertönt ein dump- fer und hohler Klang, ist das Brot fertig. Brot vor dem Verpacken immer völlig auskühlen lassen, dann nie luftdicht in Folie einschlagen, sondern in atmungsaktives Papier wickeln oder in einem Brotbeutel und Brot- kasten aufbewahren.

Haferflockenzopf mit Kräutern

Für etwa 16 Scheiben

150 g Schmelzflocken
(Haferflocken)
150 – 200 ml zimmerwarme
Buttermilch
250 g Roggenmehl Type 1150
250 g Weizenmehl Type 1700
(Backschrot)
1 Würfel Hefe
1 TL Zucker
$^1/_8$ l lauwarmes Wasser
50 g kernige Haferflocken
4 EL Olivenöl
3 TL Salz
1 Bund Schnittlauch, in Röllchen
1 Bund Petersilie, gehackt
1 EL Majoran, getrocknet
1 EL Thymian, getrocknet
1 TL Kümmel
etwas Mehl zum Bearbeiten
Butter fürs Backblech
1 Eigelb
1 EL Anis
1 TL Kardamom
1 TL Kümmel

1. Die Schmelzflocken in eine Schüssel geben und mit der Buttermilch zu einem Brei verrühren, beiseite stellen.
2. Die beiden Mehlsorten in einer Schüssel mischen, mit einem Löffel eine Mulde drücken, die Hefe hineinbröckeln, den Zucker darüberstreuen und mit dem lauwarmen Wasser und etwas Mehl vom Rand einen Brei rühren. Die Schüssel abdecken und 15 Minuten an einem warmen Platz ruhen lassen.

3. Das Hefestück mit etwas Mehl bestreuen, die Haferflocken, Öl und Salz, die eingeweichten Schmelzflocken, die frischen und getrockneten Kräuter und den Kümmel hinzufügen und alles zu einem geschmeidigen elastischen Teig verkneten.

4. Den Teig in eine mit Mehl bestreute Schüssel legen, mit einem Tuch abdecken und an einem warmen Ort mindestens 60 Minuten gehen lassen.

5. Den gegangenen Teig auf ein bemehltes Backbrett stürzen, nochmals kräftig durchkneten und den Teig in 3 Teile teilen. Jedes Stück Teig zu einer etwa 50 cm lange Rolle formen und daraus einen Zopf flechten. Diesen auf das eingefettete Backblech legen und nochmals 30 Minuten an einem warmen Ort gehen lassen.

6. Anschließend das Eigelb mit etwas Wasser verrühren, den Zopf damit bestreichen und mit den Gewürzen bestreuen.

7. Das Brot im vorgeheizten Backofen bei 220 Grad (Gas Stufe 4) 30 bis 35 Minuten backen. Dazu schmeckt Ziegen- oder Schafskäse, 7 Tage in Olivenöl, Zwiebeln und Kräutern eingelegt. *(Foto Seite 70)*

Sauerkrautbrot

Für etwa 20 Scheiben

Vorteig (Seite 17):
300 g Roggenmehl Type 1150
300 ml lauwarmes Wasser
1 gehäufter TL Grundansatz
(Backferment)
1 gehäufter TL Backferment

Hauptteig:
300 g Roggenmehl Type 815
200 g kernige Haferflocken
200 g Sauerkraut aus dem Faß,
zimmerwarm
1 TL Kümmel, gehackt
5 Wacholderbeeren, zerrieben
2 EL Distelöl
4 TL Salz
1 EL Zucker
$^1/_8$ – $^1/_4$ l warmes Wasser
(45 Grad)
etwas Mehl zum Bearbeiten
Schweineschmalz für die
Backform
2 EL Kümmel

1. Der Vorteig muß – wie auf Seite 17 ausführlich beschrieben – 12 Stunden gären. Mischen Sie, wie erklärt, das Mehl mit dem lauwarmen Wasser, dem Grundansatz aus Backferment sowie dem angerührten Backferment. Die Schüssel mit dem Vorteig in eine Plastiktüte schieben, mit einem Tuch abdecken und an einem warmen Ort 12 Stunden stehen lassen.

2. Für den Hauptteig den gärenden Vorteig mit dem Roggenmehl, den kernigen Haferflocken, dem abgetropften Sauerkraut, dem gehackten Kümmel und $^2/_3$ der im Mörser zerriebenen Wacholderbeeren, dem Öl, Salz und Zucker sowie dem lauwarmen Wasser mischen und 10 Minuten kräftig kneten. Die Flüssigkeitsmenge richtet sich nach dem Feuchtigkeitsgehalt des Sauerkrauts.

3. Den durchgearbeiteten Teig in eine bemehlte Schüssel legen, mit einem feuchten Tuch abdecken und an einem warmen Ort 60 Minuten gehen lassen.

4. Den gegangenen Teig auf ein mit Mehl bestreutes Backbrett stürzen, nochmals kräftig durcharbeiten und zu einem länglichen oder runden Laib formen.

5. Den Brotlaib in eine eingefettete Kastenform (etwa 36 cm) setzen und abgedeckt nochmals an einem warmen Ort 60 Minuten gehen lassen, bis sich der Teig verdoppelt hat.

6. Den Brotlaib mit lauwarmen Wasser bestreichen und mit den restlichen zerriebenen Wacholderbeeren und dem Kümmel sowie etwas Salz bestreuen.

7. Das Sauerkrautbrot im vorgeheizten Backofen bei 240 Grad (Gas Stufe 5) 10 Minuten backen. Vor Backbeginn eine feuerfeste Schüssel mit kochendem Wasser auf den Herdboden stellen. Anschließend die Temperatur auf 200 Grad (Gas Stufe 3) herunterschalten und das Brot weitere 45 bis 50 Minuten backen.

8. Das Sauerkrautbrot nach Backende 5 Minuten in der Form abkühlen lassen, dann auf ein Kuchengitter stürzen und völlig auskühlen lassen. Dieses würzige Brot mit der zarten Krume paßt zu würzigen Aufstrichen, schmeckt aber auch mit verschiedenen Butterzubereitungen und kernigem Schweineschmalz.

DER GUTE TIP

Alle Brote werden auf der zweiten Schiene von unten in den Backofen geschoben. Lediglich sehr hohe Brote in Backformen werden auf der untersten Stufe gebacken. Brote mit einem hohen Anteil an Roggenmehl und Roggenschrot halten sich länger frisch als Weizenbrote. Auf jeden Fall darf Brot nie luftdicht verpackt aufbewahrt werden.

Vierkornbrot

Für etwa 20 Scheiben

Vorteig (Seite 17):
300 g Roggenmehl Type 1150
300 ml lauwarmes Wasser
2 EL Sauerteig (50 g)

Hauptteig:
300 g Weizenmehl Type 1050
200 g Gerstenmehl (aus dem
Reformhaus)
200 g Schmelzflocken
(Haferflocken)
etwa 300 ml warmes Wasser
(45 Grad)
4 TL Salz
1 TL Koriander, geschrotet oder
gemahlen
1 TL Kümmel, gehackt oder
gemahlen
2 EL Rübensirup
1 EL Sonnenblumenöl
etwas Mehl zum Bearbeiten
1 TL Speisestärke
¼ l Wasser
Butter fürs Backblech

1. Der Vorteig muß – wie auf Seite 17 ausführlich beschrieben – 12 Stunden gären. Mischen Sie, wie erklärt, das Mehl mit dem lauwarmen Wasser und dem Grundansatz Sauerteig. Schieben Sie die Schüssel in eine Plastiktüte, decken Sie ein Tuch darüber und lassen Sie sie 12 Stunden an einem warmen Ort stehen.
2. Für den Hauptteig wird der gärende Vorteig mit den beiden Mehlsorten und den Haferflocken sowie dem warmen Wasser gemischt. Anschließend das Salz, die Gewürze, den Sirup und das

Öl hinzufügen, dann alles mindestens 10 Minuten kneten.
3. Eine Schüssel mit Mehl bestreuen, den Teig einfüllen, mit einem Tuch abdecken und an einem warmen Ort 60 Minuten gehen lassen.
4. Den gegangenen Teig auf ein bemehltes Backbrett stürzen und nochmals kräftig durchkneten.
5. Aus dem Teig einen länglichen Laib formen und auf ein gefettetes Backblech setzen. Abgedeckt nochmals 45 Minuten gehen lassen.
6. Inzwischen die Speisestärke mit dem Wasser verrühren und einmal aufkochen lassen. Den gegangenen Teig mit der Stärkelösung bestreichen und mit einem scharfen Messer zweimal quer 1 cm tief einschneiden.
7. Das Brot im vorgeheizten Backofen bei 240 Grad (Gas Stufe 5) 10 Minuten backen. Vor Backbeginn eine feuerfeste Schüssel mit kochendem Wasser auf den Herdboden stellen. Anschließend die Temperatur herunterschalten und das Brot bei 200 Grad (Gas Stufe 3) 45 bis 50 Minuten backen. 10 Minuten vor Backende das Brot nochmals mit der Stärkelösung bestreichen.
8. Das fertige Brot auf ein Kuchengitter legen, noch einmal mit der Stärkelösung bestreichen und völlig auskühlen lassen.
Dieses gelbbraune Brot besitzt eine feine Krume und durch seinen nachhaltig herben Geschmack verträgt es sich gut mit sanften Auf-

strichen wie Butter und Butterzubereitungen sowie Quark und mildem Käse.
(Foto Seite 72)

Sardische Fladen

Für etwa 4 Portionen

Vorteig:
250 g Weizenmehl Type 550
30 g Hefe
½ TL Zucker
150 ml lauwarmes Wasser

Hauptteig:
250 g Weizenmehl Type 1050
etwa 150 ml lauwarmes Wasser
2 TL Salz
1 EL Olivenöl
etwas Mehl zum Bearbeiten
Butter fürs Backblech

1. Für den Vorteig das Mehl in eine Schüssel sieben, die Hefe hineinbröckeln und mit dem Zucker bestreuen. Das lauwarme Wasser dazugießen und alles gut mischen. Die Schüssel in eine Plastiktüte schieben, mit einem Tuch abdecken und an einem warmen Ort 12 Stunden stehen lassen.
2. Für den Hauptteig den gärenden Vorteig mit dem Mehl, dem lauwarmen Wasser, dem Salz und dem Öl mindestens 10 Minuten kneten. Den Teig in eine bemehlte Schüssel legen, mit einem Tuch abdecken und an einem warmen Ort 30 Minuten gehen lassen.
3. Den Teig auf ein bemehltes Backbrett stürzen und

nochmals kurz durchkneten. Den Teig in tischtennisballgroße Stücke teilen und dann 2 Millimeter stark ausrollen.
4. Die Fladen auf eingefettete Backbleche setzen und nochmals 10 Minuten gehen lassen, dann nacheinander im vorgeheizten Backofen bei 180 Grad (Gas Stufe 2) hellgelb backen. Das dauert ein paar Minuten.
5. Das Brot abkühlen lassen und mit Butter reichen oder lauwarm mit fruchtigem Olivenöl beträufeln und mit Salz bestreuen. Anschließend sofort servieren.

DER GUTE TIP

Fast alle Brote lassen sich hervorragend und nach Belieben mit verschiedenen Gewürzen geschmacklich verändern. Da nicht jedermann gern auf Körner und Samen beißt, sollten Sie die Gewürzkörner entweder im Mörser zerkleinern oder in einer Pfeffermühle mahlen, anschließend unter den Teig kneten.

Russisches Kümmelbrot

Für etwa 16 Scheiben

750 g Roggenmehl Type 815
1 Würfel Hefe
1 TL Zucker
etwa $^1/_8$ l lauwarmes Wasser
150 g Hensels Natursauerteig
(aus dem Reformhaus)
1 EL Kümmel
1 TL Kümmel, gemahlen
100 g Orangeat
1 EL Rübensirup
1 TL Kräutersalz
2 TL Salz
etwa $^1/_4$ l lauwarmer Kefir
etwas Mehl zum Bearbeiten
Schweineschmalz fürs Backblech
1 Eiweiß
2–3 EL Kümmel

1. Das Mehl in eine Schüssel sieben, mit einem Löffel eine Mulde drücken und die Hefe hineinbröckeln, mit dem Zucker bestreuen und mit dem lauwarmen Wasser und ein wenig Mehl vom Rand einen Brei rühren. Die Schüssel mit einem feuchten Tuch abdecken und an einem warmen Ort 15 Minuten stehen lassen.
2. Das schön blasig aufgegangene Hefestück mit etwas Mehl bestreuen.
3. Den Beutel mit dem Sauerteig für 15 Minuten in eine Schüssel mit warmem Wasser legen. Den Beutelinhalt gut mischen und über das Mehl gießen und verrühren. Anschließend den Teig mit den Kümmelkörnern, dem gemahlenen Kümmel und dem Orangeat, dem Rübensirup, dem Kräutersalz und dem Salz würzen und einen Teil des warmen Kefirs dazugeben. Alles mindestens 10 Minuten kneten. Falls der Teig zu trocken ist, noch etwas Kefir dazugießen, ist er zu feucht, hilft dagegen etwas Mehl.
4. Den Teig in eine bemehlte Schüssel legen, abdecken und an einem warmen Ort 60 Minuten gehen lassen.
5. Den gegangenen Teig auf ein bemehltes Backbrett stürzen, nochmals kräftig durchkneten, einen länglichen Laib formen und auf ein eingefettetes Backblech setzen.
6. Den Laib abgedeckt nochmals 45 Minuten an einem warmen Ort gehen lassen, bis er sich verdoppelt hat.
7. Den Brotlaib mit dem leicht geschlagenen Eiweiß bestreichen und mit dem Kümmel bestreuen. Im vorgeheizten Backofen bei 240 Grad (Gas Stufe 5) 10 Minuten backen. Vor Backbeginn eine feuerfeste Schüssel mit kochendem Wasser auf den Herdboden stellen. Anschließend die Temperatur auf 200 Grad (Gas Stufe 3) herunterschalten und das Brot weitere 30 bis 35 Minuten backen. *(Foto Seite 74)*

Kürbisbrot

Für etwa 18 Scheiben

400 g Roggenmehl Type 815
200 g Weizenvollkornmehl
30 g Hefe
1 TL Zucker
$\frac{1}{8}$ l lauwarmes Wasser
3 TL Salz
1 Msp. Zimt
1 Msp. Nelkenpulver
200 g frischer Kürbis
100 g Apfel
60 g geriebene Kürbiskerne
Saft von $\frac{1}{2}$ Zitrone
etwa 150 g lauwarme Dickmilch
etwas Mehl zum Bearbeiten
Butter fürs Backblech

1. Die beiden Mehlsorten in einer Schüssel mischen, mit einem Löffel eine Mulde drücken und die Hefe hineinbröckeln, mit dem Zucker bestreuen und mit dem lauwarmen Wasser sowie ein wenig Mehl vom Rand einen Brei rühren. Die Schüssel mit einem feuchten Tuch abdecken und 15 Minuten stehen lassen.
2. Das Hefestück mit etwas Mehl bestreuen, dann Salz, Zimt und das Nelkenpulver dazugeben.
3. Den Kürbis schälen und mittelfein reiben, ebenso den geschälten Apfel, beides mit den geriebenen Kürbiskernen und dem Zitronensaft zum Mehl geben. Nach und nach die lauwarme Dickmilch dazulöffeln. Aus allen Zutaten einen geschmeidigen Teig herstellen. Die Menge der Dickmilch richtet sich nach dem Feuchtigkeitsgehalt von Kürbis und Apfel.
4. Den Teig in eine bemehlte Schüssel legen, mit einem feuchten Tuch abdecken und an einem warmen Ort 60 Minuten ruhen lassen.
5. Den gegangenen Teig auf ein bemehltes Backbrett stürzen, nochmals durchkneten und zu einem runden Laib formen, auf das eingefettete Backblech setzen und nochmals 45 Minuten gehen lassen. Anschließend mit lauwarmem Wasser bestreichen und mit einem scharfen Messer einen 1 cm tiefen Längsschnitt anbringen.
6. Das Brot im vorgeheizten Backofen bei 240 Grad (Gas Stufe 5) 5 Minuten backen. Vor Backbeginn eine feuerfeste Schüssel mit kochendem Wasser auf den Herdboden stellen. Anschließend die Temperatur auf 200 Grad (Gas Stufe 3) herunterschalten und das Brot weitere 20 bis 30 Minuten backen. Formen Sie aus dem gleichen Teig kleine Brötchen, die mit Wasser befeuchtet und mit Sesamen bestreut werden. Die Backzeit beträgt bei 200 Grad (Gas Stufe 3) 25 bis 30 Minuten.
(Foto Seite 75)

Roggenmischbrot

Für etwa 20 Scheiben

600 g Roggenmehl Type 815
400 g Weizenmehl Type 550
1 ¹/₂ Würfel Hefe (oder
2 P. Trockenhefe)
4 TL Salz
etwa ¹/₂ l lauwarmes Wasser
4 TL Salz
2 EL Distelöl
etwas Mehl zum Bearbeiten
Butter fürs Backblech

1. Die beiden Mehlsorten in eine Schüssel geben, mit einem Löffel eine Mulde drücken und die Hefe hineinbröckeln, mit dem Zucker bestreuen und mit etwas lauwarmem Wasser und ein wenig Mehl vom Rand einen Brei rühren. (Bei Verwendung von Trockenhefe wird diese mit dem Zucker, etwas Mehl und etwas lauwarmem Wasser glattgerührt und in die Mulde gegossen.) Anschließend die Schüssel mit einem Tuch abdecken und an einem warmen Ort 15 Minuten ruhen lassen.
2. Anschließend das Hefestück mit etwas Mehl bestreuen, das restliche Wasser, Salz und Öl dazugeben und alles kräftig mindestens 10 Minuten kneten. Eine Schüssel mit Mehl ausstreuen und den Teig einfüllen, mit einem Tuch abdecken und an einem warmen Ort 60 Minuten gehen lassen, bis sich der Teig verdoppelt hat.
3. Den gegangenen Teig auf ein bemehltes Backbrett stürzen, nochmals kräftig

durchkneten und einen länglichen Laib formen.
4. Ein Backblech gut einfetten, den Laib daraufsetzen und abgedeckt nochmals 45 Minuten gehen lassen, dann mit lauwarmem Wasser bestreichen und mit einem scharfen Messer einige 1 cm tiefe Einschnitte anbringen .
5. Das Brot im vorgeheizten Backofen bei 200 Grad (Gas Stufe 3) 55 bis 60 Minuten backen. Vor Backbeginn eine feuerfeste Schüssel mit kochendem Wasser auf den Herdboden stellen.
6. Das fertige Brot auf ein Kuchengitter legen, mit etwas lauwarmem Wasser überpinseln und völlig abkühlen lassen.
Dieses lockere Brot hat eine angenehm kräftige Kruste und schmeckt mit Wurst und Käse.
(Foto Seite 76)

— DER GUTE TIP —

Fast alle Brote lassen sich hervorragend und nach Belieben mit verschiedenen Gewürzen geschmacklich verändern. Da nicht jedermann gern auf Körner und Samen beißt, sollten Sie die Gewürzkörner entweder im Mörser zerkleinert oder gemahlen (Pfeffermühle) verwenden.

Bauernbrot

Für etwa 16 Scheiben

375 g Roggenmehl Type 815
375 g Roggenmehl Type 1800
(Backschrot)
1 Würfel Hefe
1 TL Zucker
etwa ³/₈ l lauwarmes Wasser
1 Beutel Hensels Natursauerteig (150 g; aus dem Reformhaus)
3 TL Salz
1 EL Sonnenblumenöl
1 TL Anis, geschrotet
1 TL Fenchel, geschrotet
1 TL Kümmel, grob gehackt
(oder beliebige andere Gewürze)
etwas Mehl zum Bearbeiten
Butter fürs Backblech

1. Die beiden Mehlsorten in einer Schüssel mischen und mit einem Löffel eine Mulde drücken. Die Hefe hineinbröckeln und mit dem Zucker bestreuen. Mit etwas lauwarmem Wasser und ein wenig Mehl vom Rand einen Brei rühren, die Schüssel mit einem Tuch abdecken und an einem warmen Ort 15 Minuten ruhen lassen.
2. Das Hefestück mit etwas Mehl bestreuen und das restliche Wasser dazugießen. Den Beutel mit dem Sauerteig für 15 Minuten in eine Schüssel mit warmem Wasser legen. Dann den Beutelinhalt gut mischen und über das Mehl schütten. Anschließend Salz, Öl und die Gewürze hinzufügen. Alles gut 10 Minuten kneten, dann in

eine bemehlte Schüssel legen, mit einem Tuch abdecken und an einem warmen Ort 30 Minuten gehen lassen, bis sich der Teig verdoppelt hat.
3. Den gegangenen Teig auf ein bemehltes Backbrett stürzen, nochmals durchkneten und einen runden Laib formen, diesen auf das gefettete Backblech setzen und nochmals abgedeckt 30 bis 40 Minuten gehen lassen.
4. Die Teigoberfläche mit lauwarmem Wasser bestreichen und das Brot im vorgeheizten Backofen bei 240 Grad (Gas Stufe 5) 10 Minuten backen. Vor Backbeginn eine feuerfeste Schüssel mit kochendem Wasser auf den Herdboden stellen. Anschließend die Temperatur auf 200 Grad (Gas Stufe 3) herunterschalten und das Brot weitere 45 bis 50 Minuten backen.
5. Das fertige Brot nochmals mit lauwarmem Wasser bestreichen und auf einem Kuchengitter völlig auskühlen lassen, erst dann in Scheiben schneiden.

Gewürzfladenbrot

Für etwa 20 Scheiben

100 g Speiseroggenkörner
kochendes Wasser
450 g Roggenmehl Type 815
450 g Roggenmehl Type 1800
(Backschrot)
100 g Biomalz (aus dem
Reformhaus)
1 $^1/_2$ Würfel Hefe
1 TL Zucker
etwa $^1/_2$ l lauwarmes Wasser
4 TL Salz
4 EL Olivenöl
1 TL Koriander, geschrotet
1 TL Anis, geschrotet
1 TL Fenchel, geschrotet
1 TL Kümmel
$^1/_2$ TL Kardamom, geschrotet
etwas Mehl zum Bearbeiten
Butter fürs Backblech
1 EL Kräuter der Provence
2 EL Speiseroggenkörner

Kerniges Haferflockenbrot

Für etwa 12 Scheiben

125 g Magerquark
$^1/_4$ l lauwarme Buttermilch
oder lauwarmen Kefir
1 EL Sonnenblumenöl
2 TL Salz
1 EL Rübensirup
30 g Sonnenblumenkerne
oder Kürbiskerne
150 g Blütenzarte Köllnflocken
250 g Roggenmehl Type 815
150 g Weizenvollkornmehl
1 Würfel Hefe
etwas Mehl zum Bearbeiten
Butter für die Form
4 EL kernige Haferflocken

1. Den Quark in einem Sieb 60 Minuten abtropfen lassen. Anschließend mit der lauwarmen Buttermilch, dem Sonnenblumenöl, dem Salz und dem Rübensirup in einer angewärmten Schüssel mischen.

2. Dann die Sonnenblumenkerne, die Haferflocken und die beiden Mehlsorten dazugeben. Die Hefe darüberbröckeln und mindestens 10 Minuten kneten.

3. Den Teig in eine mit Mehl bestreute Schüssel legen, in eine Plastiktüte schieben, mit einem Tuch abdecken und an einem warmen Ort 60 Minuten gehen lassen, bis sich der Teig verdoppelt hat.

4. Den gegangenen Teig auf ein bemehltes Backbrett stürzen und nochmals kräftig durchkneten.

5. Eine Kastenform (etwa 30 cm) gut einfetten, den Teig einfüllen, abdecken und nochmals an einem warmen Ort solange gehen lassen, bis sich der Teig verdoppelt hat.

6. Die Teigoberfläche mit etwas lauwarmem Wasser bestreichen.

7. Das Brot im vorgeheizten Backofen bei 200 Grad (Gas Stufe 3) 45 bis 50 Minuten backen. Vor Backbeginn eine feuerfeste Schüssel mit kochendem Wasser auf den Herdboden stellen. *(Foto Seite 78)*

1. Die Roggenkörner mit kochendem Wasser begießen und 12 Stunden stehen lassen, dann abgießen.

2. Die beiden Mehlsorten mit dem Biomalz in einer Schüssel mischen, mit einem Löffel eine Mulde drücken, die Hefe hineinbröckeln, mit dem Zucker bestreuen und mit etwas lauwarmem Wasser und ein wenig Mehl vom Rand einen Brei rühren. Die Schüssel mit einem feuchten Tuch abdecken und 15 Minuten ruhen lassen.

3. Anschließend das restliche Wasser, die abgetropften Roggenkörner, Salz, Olivenöl und die Gewürze dazugeben. Alles mindestens 10 Minuten kneten, dann den Teig in eine bemehlte Schüssel legen, abdecken und an einem warmen Ort 60 Minuten gehen lassen.

4. Anschließend den Teig auf ein bemehltes Backbrett stürzen, nochmals durchkneten und einen Fladen formen. Diesen Fladen auf ein gefettetes Backblech setzen und abgedeckt nochmals 45 Minuten gehen lassen.

5. Den Fladen mit lauwarmem Wasser bestreichen und mit den Kräutern und den Roggenkörner bestreuen, dann im vorgeheizten Backofen bei 240 Grad (Gas Stufe 5) 5 Minuten backen. Vor Backbeginn eine feuerfeste Schüssel mit kochendem Wasser auf den Herdboden stellen. Anschließend die Temperatur herunterschalten und den Fladen bei 200 Grad (Gas Stufe 3) weitere 40 bis 45 Minuten backen.

Feinschmeckers Müslibrot

Für etwa 16 Scheiben

500 g Roggenmehl Type 815
200 g Feinschmecker-Müsli (von Kölln)
3 EL Köllns kernige Haferflocken
2 P. Trockenhefe
1 EL Sonnenblumenöl
1 TL Zucker
1 TL Salz
etwa $^3/_8$ l lauwarmes Wasser
etwas Mehl zum Bearbeiten
Butter fürs Backblech

1. Das Mehl mit dem Müsli und den kernigen Haferflocken in einer Schüssel mit der Trockenhefe mischen.

2. Das Öl mit dem Zucker in die Mitte geben und das Salz am Rand verteilen. Langsam das lauwarme Wasser dazugießen und mit einem Löffel verrühren.

3. Anschließend den Teig kneten, bis er nicht mehr klebt. Den Teig in eine bemehlte Schüssel legen, abdecken und an einem warmen Ort 45 Minuten gehen lassen.

4. Den Teig nochmals kurz durchkneten, einen Laib formen, auf ein gefettetes Backblech setzen und abgedeckt nochmals 15 Minuten gehen lassen. Anschließend das Müslibrot im vorgeheizten Backofen bei 200 Grad (Gas Stufe 3) 45 bis 50 Minuten backen.

Dieses herb-süße Brot schmeckt am besten frisch mit Butter und Gelee. *(Foto Seite 79)*

--- DER GUTE TIP ---

Statt der Müslimischung können Sie sich die gleiche Menge aus gehackten Mandeln, Haselnüssen, Sonnenblumenkernen, Rosinen, Backpflaumen, getrockneten Aprikosen und kernigen Haferflocken selber herstellen.

Knusprige Brötchen

Was kann es Schöneres geben an einem jungen Morgen,
als knusprige Brötchen, zarte Croissants
oder butterweiche Frühstückshörnchen?
Selbstgebacken schmecken sie einfach am besten!
Auf den folgenden Seiten finden Sie neben
klassischen auch viele neue Brötchenideen,
die die erste Mahlzeit des Tages zu einem Fest
für Gaumen und Auge machen. Oder überraschen Sie
Ihre Partygäste mit leckeren Partybrötchen aus dem
eigenen Backofen. Wir liefern Ihnen die schönsten
Rezepte für solche besonderen Brötchen.

Brötchenkranz,
Rezept Seite 82

Brötchenkranz

Für etwa 34 Brötchen

750 g Weizenmehl Type 550
3 P. Trockenhefe
1 TL Zucker
850 ml lauwarme Milch
500 g Blütenzarte Köllnflocken
(Haferflocken)
1 TL Salz
etwas Mehl zum Bearbeiten
Milch zum Bestreichen
Kümmel, Mohn, Sesam,
kernige Haferflocken

1. Das Mehl in eine Schüssel sieben und anschließend mit der Trockenhefe und dem Zucker mischen.
2. Die lauwarme Milch langsam dazugießen und alles zu einem geschmeidigen Teig verkneten.
3. Die Schüssel mit einem Küchentuch abdecken und an einem warmen Ort 30 Minuten ruhen lassen.
4. Nun die blütenzarten Haferflocken und das Salz hinzufügen und den Teig kräftig durchkneten, bis er nicht mehr am Schüsselrand klebt. Anschließend den Teig zurück in die mit Mehl bestreute Schüssel legen, mit einem Küchentuch abdecken und an einem warmen Ort nochmals 30 Minuten ruhen lassen.
5. Aus dem gegangenen Teig 34 gleich große Kugeln formen. Ein Backblech mit Backpapier auslegen und die Teigkugeln zu einem Kranz zusammensetzen. Anschließend ein Küchentuch darüberlegen und die Brötchen noch einmal 20 Minuten gehen lassen.
6. Die Brötchen mit lauwarmer Milch bestreichen und anschließend nach Geschmack mit Kümmel, Mohn, Sesam sowie den Haferflocken bestreuen.
7. Den Brötchenkranz im vorgeheizten Backofen bei 220 Grad (Gas Stufe 4) 25 bis 30 Minuten backen. (Foto Seite 80/81)

Butterküchlein

Für etwa 12 Küchlein

1/2 Würfel Hefe
1 TL Zucker
300 ml lauwarme Milch
750 g Weizenmehl Type 550
1 TL Salz
70 g weiche Butter
oder Margarine
50 g Orangeat
etwas Mehl zum Bearbeiten
etwas Butter

1. Die Hefe mit dem Zucker in der lauwarmen Milch auflösen.
2. Das Mehl in eine Schüssel sieben und die Hefemilch dazugießen, alles zu einem Teig verarbeiten. Anschließend das Salz und die weiche Butter einarbeiten.
3. Den Teig in der Schüssel abgedeckt 30 Minuten ruhen lassen.
4. Dann das Orangeat dazugeben und den Teig noch einmal kräftig durchkneten, bis er nicht mehr am Schüsselrand klebt.
5. Den Teig zurück in die mit Mehl bestreute Schüssel geben, mit einem Tuch abdecken und 30 Minuten ruhen lassen.
6. Aus dem Teig 12 gleich große Kugeln rollen.
7. In die Mitte eines jeden Küchleins mit dem Daumen eine Mulde drücken und ein Stückchen Butter hineinlegen.
8. Die Küchlein auf ein mit Backpapier ausgelegtes Backblech legen, mit einem Küchentuch abdecken und noch einmal 45 Minuten gehen lassen.
9. Die Küchlein im vorgeheizten Backofen bei 200 Grad (Gas Stufe 3) 25 bis 30 Minuten backen.
10. Die heißen Küchlein noch einmal mit Butter bestreichen und lauwarm servieren.

Bagels

Für 16 Stück

30 g Hefe
300 ml lauwarme Milch
oder lauwarmes Wasser
1 TL Zucker
500 g Weizenmehl Type 405
150 g flüssige Butter
1 Ei
1 Eigelb, 1/2 TL Salz
50 g getrocknete Tomaten in Öl
1 TL Thymian, getrocknet
etwas Mehl zum Bearbeiten
1 Eiweiß, etwas grobes Salz
oder Rosmarinnadeln

1. Die Hefe in der lauwarmen Milch auflösen und den Zucker dazugeben.
2. Das Mehl in eine Schüssel sieben und die Hefemilch darübergießen. Nun die flüssige Butter, das Ei, das Eigelb und das Salz hinzufügen.
3. Alles zu einem glatten Teig verkneten. Die Schüssel abdecken und den Teig an einem warmen Ort 30 Minuten ruhen lassen.
4. Den Teig noch einmal kräftig durchkneten, zurück in die mit Mehl bestreute Schüssel legen, mit einem Küchentuch abdecken und weitere 30 Minuten gehen lassen.
5. Inzwischen die getrockneten Tomaten zwischen Küchenpapier entfetten. Anschließend sehr fein würfeln.
6. Den gegangenen Teig mit den Tomatenwürfeln und dem Thymian kurz verkneten und 16 gleich große Stücke abteilen.
7. Aus dem Teig Stangen formen und anschließend zu Kringeln zusammenlegen. Nun mit dem leicht angeschlagenen Eiweiß bestreichen, mit dem groben Salz bestreuen und auf ein mit Backpapier ausgelegtes Backblech legen.
8. Die Bagels im vorgeheizten Backofen bei 200 Grad (Gas Stufe 3) 20 bis 25 Minuten backen.
9. Die Bagels schmecken am besten lauwarm.

Dinkel-Milch-Brötchen

Für 6 – 8 Brötchen

200 ml lauwarme Milch
1/2 Würfel Hefe
1 TL flüssiger Honig
1/2 TL Salz
300 g feines Dinkelmehl
etwas Butter zum Bestreichen
etwas Mehl zum Bestreuen

1. Die lauwarme Milch mit der Hefe und dem Honig mischen.
2. Das Salz mit dem Dinkelmehl in einer Schüssel verrühren und die Hefemilch dazugießen. Alles zu einem glatten Teig verarbeiten. Die Schüssel mit einem Küchentuch abdecken und den Teig 30 Minuten an einem warmen Ort ruhen lassen.
3. Den Teig noch einmal gut durchkneten und dann auf ein mit Backpapier ausgelegtes Backblech 6 bis 8 kleine Häufchen setzen. Die Brötchen noch einmal 10 Minuten gehen lassen.
4. Nun etwas Butter auf die Brötchen streichen und etwas Mehl darüberstreuen. Die Dinkel-Milch-Brötchen im vorgeheizten Backofen bei 220 Grad (Gas Stufe 4) 15 bis 20 Minuten backen.
(Foto Seite 83)

Frühstückshörnchen

Für 15 Stück

25 g Hefe
1/8 l lauwarme süße Sahne
1 EL Zucker
400 g Weizenmehl Type 405
1/2 TL Salz
200 g flüssige Butter
2 Eigelb
etwas Mehl zum Bearbeiten

1. Die Hefe in der lauwarmen Sahne auflösen und anschließend mit dem Zucker mischen.
2. Das Mehl in eine Schüssel sieben und mit dem Salz mischen.
3. Die Sahne über das Mehl gießen. Anschließend die flüssige Butter und die Eigelbe dazugeben. Alles zu einem glatten Teig verarbeiten. Die Schüssel abdecken und den Teig an einem warmen Ort 30 Minuten gehen lassen.
4. Den Teig noch einmal kräftig durchkneten und zurück in die mit Mehl bestreute Schüssel legen. Dann mit einem Küchentuch abdecken und nochmals 30 Minuten gehen lassen, bis sich der Teig verdoppelt hat.
5. Den Teig noch einmal kurz durchkneten und in 3 gleich große Teile teilen. Jedes Teil zu einer runden, gut 0,5 cm dicken Platte ausrollen.
6. Mit einem Teigrädchen oder einem Messer 15 Dreiecke ausradeln. Von der breiten Kante zur Spitze hin locker zu Hörnchen aufrollen und auf ein mit Backpapier ausgelegtes Backblech legen. Die Hörnchen noch einmal kurz gehen lassen und dann im vorgeheizten Backofen bei 200 Grad (Gas Stufe 3) 10 bis 15 Minuten backen.
(Foto Seite 6/7)

Sonnenblumen-hörnchen mit zwei Dips

Für 6 Personen

250 g Magerquark
1/8 l Milch
150 ml Olivenöl
2 TL Salz
500 g Weizenmehl Type 405
1 P. Backpulver
50 g Sonnenblumenkerne
1 Eigelb

Dips:

1 rote Paprikaschote
1 gelbe Paprikaschote
500 g Magerquark
1/8 l Milch
1 Zwiebel
Salz, Pfeffer aus der Mühle
Paprikapulver
1 Bund Basilikum
1 TL Thymian, getrocknet
1 Bund Kerbel
1 Bund Schnittlauch
1–2 EL Zitronensaft

1. Für die Hörnchen den Magerquark mit der Milch, dem Öl und dem Salz verrühren. Anschließend das Mehl und das Backpulver darübersieben und daraus einen glatten Teig herstellen.
2. Den Teig zwischen Klarsichtfolie 0,5 cm dick ausrollen. Dann 12 gleich große Dreiecke ausschneiden und die Sonnenblumenkerne hineindrücken.
3. Die Dreiecke von der Längsseite her aufrollen und zu Hörnchen formen. Dann auf ein mit Backpapier

ausgelegtes Backblech setzen und mit dem Eigelb bestreichen.

4. Die Hörnchen im vorgeheizten Backofen bei 200 Grad (Gas Stufe 3) 20 bis 25 Minuten backen.

5. Die beiden Paprikaschoten putzen, waschen und halbieren. Je eine Hälfte sehr fein würfeln.

6. Den Quark mit der Milch verrühren und dann halbieren. Die gewürfelten Paprikaschoten in ein Quarkschüsselchen geben.

7. Die Zwiebel schälen und sehr fein hacken. Ebenfalls zu dem Paprikaquark geben. Dann alles mit Salz, Pfeffer und Paprikapulver pikant abschmecken.

8. Die Kräuter nach Bedarf waschen und sehr fein hacken. Mit dem anderen Quark verrühren, mit Salz und Pfeffer und eventuell etwas Zitronensaft würzig abschmecken.

9. Die beiden Dips in die halbierten Paprikaschoten füllen und zusammen mit den lauwarmen Sonnenblumenhörnchen servieren.
(Foto Seite 84)

Rustikale Buns

Für etwa 25 Stück

500 g gekochte Pellkartoffeln vom Vortag
125 g Weizenvollkornmehl
125 g Kölln Instant-Flocken
$^1/_2$ Würfel Hefe
1 TL Zucker
5 EL lauwarme Milch
2 Eier
50 g Butter
2 TL Salz
etwas Mehl zum Bearbeiten
1 Eigelb zum Bestreichen

1. Die Kartoffeln schälen und fein reiben oder durch die Kartoffelpresse drücken. Die geriebenen Kartoffeln mit dem gesiebten Mehl und den Haferflocken in einer Schüssel mischen.

2. Die Hefe mit der lauwarmen Milch und dem Zucker verrühren, bis sich die Hefe aufgelöst hat. Dann zum Mehl gießen.

3. Nun die Eier, die Butter und das Salz hinzufügen und alles zu einem glatten Teig verkneten.

4. Die Schüssel mit einem Tuch abdecken und den Teig an einem warmen Ort 30 Minuten gehen lassen, bis sich sein Volumen verdoppelt hat.

5. Den Teig noch einmal durchkneten. Dann zwischen Klarsichtfolie 1,5 cm dick ausrollen. Anschließend mit einem runden Glas Plätzchen ausstechen und auf ein mit Backpapier ausgelegtes Backblech setzen und nochmals 10 Minu-

ten abgedeckt gehen lassen.

6. Das Eigelb mit etwas Wasser verquirlen und die Buns damit bestreichen. Dann im vorgeheizten Backofen bei 220 Grad (Gas Stufe 4) 15 bis 20 Minuten backen.
(Foto Seite 85)

DER GUTE TIP

Die Rustikalen Buns schmecken warm und kalt. Sie werden mit Butter, Gelee, Marmelade oder Honig gegessen. Sie können den Teig auch mit Kräutern mischen.

Butterhörnchen

Für 16 Stück

500 g Weizenmehl Type 405
1 TL Salz
1 EL Zucker
½ Würfel Hefe
⅓ l lauwarme Milch

50 g lauwarme Butter
etwas Mehl zum Bearbeiten
1 Ei

1. Das Mehl in eine große Schüssel sieben und mit dem Salz mischen. Dann mit einem Löffel eine Mulde drücken und den Zucker und die Hefe hineingeben.

2. Die Hefe, den Zucker und etwas Mehl vom Rand mit etwas lauwarmer Milch zu einem Brei verrühren. Die Schüssel abdecken und an einem warmen Ort 15 Minuten ruhen lassen.
3. Das Hefestück mit etwas Mehl bestreuen und mit der restlichen lauwar-

men Milch, der flüssigen, aber nicht mehr heißen Butter verrühren und alles zu einem festen glatten Teig verkneten. Den Teig zurück in die mit Mehl bestreute Schüssel legen, mit einem Küchentuch abdecken und an einem warmen Ort 60 Minuten gehen lassen, bis sich der Teig sein Volumen verdoppelt hat.

4. Den Teig noch einmal durchkneten und in der abgedeckten Schüssel 20 Minuten ruhen lassen.

5. Dann den Teig zwischen Klarsichtfolie zu einem 40 mal 40 cm großen Quadrat ausrollen. Anschließend die Ränder glatt schneiden und das Quadrat in der Mitte durchteilen, so daß 2 Rechtecke von 40 mal 20 cm entstehen.

6. Aus jedem Rechteck Dreiecke so heraus schneiden, daß eine Seite 10 cm, die andere Seite 20 cm lang ist.

7. Die schmale Seite in der Mitte mit einem 3 cm tiefen Schnitt einkerben. An beiden Enden auseinanderziehen und von der Einschnittseite her aufrollen und zu Hörnchen biegen.

8. Die Hörnchen auf ein mit Backpapier ausgelegtes Backblech legen und noch einmal 20 Minuten gehen lassen.

9. Das Ei mit etwas Wasser verrühren und die Hörnchen damit bestreichen. Dabei ist darauf zu achten, daß das Ei nicht an die Teigränder kommt und diese verklebt. Es darf also nur die Teigoberfläche eingestrichen werden.

10. Die Hörnchen im vorgeheizten Backofen bei 200 Grad (Gas Stufe 3) 25 bis 30 Minuten backen.
(Foto Seite 86: links)

DER GUTE TIP

Dieses leckere und zarte Frühstücksgebäck schmeckt am besten ofenfrisch und kann beliebig mit Butter, Nuß-Nougat-Masse, Konfitüre oder Honig bestrichen werden. Die Hörnchen lassen sich außerdem auch füllen, und zwar süß mit Konfitüre, Pflaumenmus oder Marzipan oder pikant mit feingehacktem rohen Schinken, Salami- oder Käsewürfeln.

Brezeln

Für 16 Stück

500 g Weizenmehl Type 1050
1 TL Salz
1 EL Zucker
$\frac{1}{2}$ Würfel Hefe
$\frac{1}{4}$ l Kefir, lauwarm
60 g Schweineschmalz
etwas Mehl zum Bearbeiten
1 Ei

1. Das Mehl in eine große Schüssel sieben und mit dem Salz mischen. Dann mit einem Löffel eine Mulde drücken und den Zucker und die Hefe hineingeben.
2. Nun mit der Hälfte des lauwarmen Kefirs die Hefe mit dem Zucker und etwas Mehl vom Rand zu einem Brei verrühren.
3. Die Schüssel mit einem Tuch abdecken und 15 Minuten an einem warmen Ort ruhen lassen, bis sich sein Volumen verdoppelt hat.
4. Das Hefestück mit etwas Mehl bestreuen, dann den restlichen Kefir und das Fett dazugeben und alles zu einem geschmeidigen Teig verarbeiten. Den Teig zurück in eine mit Mehl bestreute Schüssel legen, mit einem Küchentuch abdecken und an einem warmen Ort 60 Minuten ruhen lassen, bis sich das Teigvolumen verdoppelt hat.
5. Den Teig noch einmal durchkneten und in 16 gleich große Stücke teilen. Aus diesen Teigstücken Rollen von etwa 40 cm Länge formen. Aus diesen Rollen anschließend Brezeln bilden und diese auf ein mit Backpapier belegtes Backblech setzen.
6. Die Brezeln noch einmal 15 Minuten gehen lassen. Das Ei mit etwas Wasser verrühren und die Brezeln damit bestreichen. Dann mit grobem Zucker oder grobem Salz bestreuen.
7. Die Brezeln im vorgeheizten Backofen bei 200 Grad (Gas Stufe 3) 20 bis 25 Minuten backen.
(Foto Seite 86: rechts)

DER GUTE TIP

Aus diesem Teig lassen sich sehr gut Hörnchen und Zöpfe formen. Sie können nach Geschmack auch mit grobem Salz bestreut werden.

Kümmel-Quark-Brötchen

Für etwa 20 Brötchen

500 g Weizenmehl Type 1050
1 P. Backpulver
2 TL Salz
1 TL Kümmel, gemahlen
500 g Magerquark
2 Eier
etwas Mehl zum Bearbeiten

1. Das Mehl in eine Schüssel sieben und mit dem Backpulver, dem Salz und dem gemahlenen Kümmel mischen.
2. Den Quark und die Eier dazugeben und alles zu einem festen Teig verkneten.
3. Mit leicht bemehlten Händen längliche oder runde Teigbällchen von etwa 30 Gramm Gewicht formen und auf ein mit Backpapier ausgelegtes Backblech legen.
4. Den Backofen auf 200 Grad (Gas Stufe 3) vorheizen. Die Brötchen in den Backofen schieben und die Temperatur sofort auf 180 Grad (Gas Stufe 2) herunterschalten und die Brötchen 20 bis 25 Minuten backen.
5. Die fertigen Brötchen auf einem Kuchengitter auskühlen lassen.

Sesam-Schrot-Fladen

Für 10 Stück

350 g Weizenmehl Type 1050
150 g Weizenvollkornschrot
oder Roggenvollkornschrot
2 TL Salz
2 TL Zucker
1/2 Würfel Hefe
1/8 l lauwarme Milch
1/8 l lauwarmes Wasser
50 g weiche Butter
etwas Mehl zum Bearbeiten
4 EL Milch zum Bestreichen
30 g Sesam zum Bestreuen

1. Das Mehl in eine große Schüssel sieben und dann mit dem Vollkornschrot, dem Salz und dem Zucker mischen. Mit einem Holzlöffel eine Mulde in das Mehl drücken und dort hinein die Hefe bröckeln.

2. Die Hefe mit etwas Mehl vom Rand und der lauwarmen Milch zu einem Brei verrühren.

3. Die Schüssel mit einem Küchentuch abdecken und an einem warmen Ort 15 Minuten gehen lassen.

4. Das gegangene Hefestück mit etwas Mehl bestäuben und dann das lauwarme Wasser sowie die Butter hinzufügen. Alles zu einem glatten Teig verkneten.

5. Sollte der Teig an den Händen oder an der Schüssel kleben, noch etwas Mehl hinzufügen.

6. Sollte der Teig zu fest oder gar krümelig sein, hilft dagegen etwas lauwarme Milch oder etwas lauwarmes Wasser.

7. Den gut durchgekneteten Teig zurück in die mit Mehl bestreute Schüssel legen, mit einem Küchentuch abdecken und an einem

warmen Ort 30 Minuten gehen lassen, bis sich der Teig verdoppelt hat.

8. Den Teig noch einmal durchkneten und in 10 gleich große Stückchen teilen. Diese kleinen Teilstücke noch einmal kurz durchkneten und mit den Fingerknöcheln flach klopfen, dann auf ein mit Backpapier ausgelegtes Backblech legen und noch einmal 20 Minuten gehen lassen.

9. Die Fladen mit einem Rundhölzchen mehrmals einstechen, dann mit der lauwarmen Milch bestreichen und mit dem Sesam bestreuen.

10. Die Fladen im vorgeheizten Backofen bei 200 Grad (Gas Stufe 3) 20 bis 25 Minuten backen.
(Foto Seite 88)

Gewürzfladen

Für 12 – 16 Stück

350 g Weizenmehl Type 1050
150 g Roggenvollkornschrot
1 P. Trockenhefe
1 TL Salz
1 TL Honig
1/4 l lauwarme Buttermilch
50 g Schweineschmalz
1 TL Kümmel
1 TL Koriander
1 TL Kardamom
etwas Mehl zum Bearbeiten
1 Eigelb
4 EL Sesam

1. Das Weizenmehl mit dem Vollkornschrot und der Trockenhefe in einer Schüssel mischen.

2. Das Salz mit dem Honig in der lauwarmen Buttermilch verrühren und über das Mehl gießen. Dann das zimmerwarme Schmalz hin-

zufügen und alles zu einem geschmeidigen und glatten Teig verarbeiten.

3. Die Schüssel mit einem Tuch abdecken und den Teig an einem warmen Ort 30 Minuten gehen lassen.

4. Dann die ganzen oder leicht zerstoßenen Gewürzkörner dazugeben und nochmals kurz durchkneten.

5. Aus dem Teig 12 bis 16 gleich große Fladen formen und auf ein mit Backpapier ausgelegtes Backblech setzen. Anschließend noch einmal 20 bis 30 Minuten gehen lassen.

6. Das Eigelb mit etwas Wasser verrühren und anschließend die Fladen damit bestreichen. Dann sofort mit den Sesamkörnern bestreuen.

7. Die Fladen im vorgeheizten Backofen bei 200 Grad (Gas Stufe 3) 20 bis 25 Minuten backen.
(Foto Seite 89: links)

Kräuterbrötchen

Für 12 – 16 Brötchen

500 g Weizenvollkornmehl
1 P. Trockenhefe
1 TL Salz
1 TL Zucker
$^1/_4$ l lauwarme Milch
50 g weiche Butter
etwas Mehl zum Bearbeiten
2 Eigelb
1 TL Majoran, getrocknet
1 TL Thymian, getrocknet
$^1/_2$ Bund Petersilie
$^1/_2$ Bund Schnittlauch
2 Eigelb
etwas Mehl zum Bearbeiten
1 TL Kümmel
1 TL Koriander

1. Das Vollkornmehl mit der Trockenhefe, dem Salz und dem Zucker in einer Schüssel mischen.

2. Dann die lauwarme Milch dazugießen und gut verrühren. Nun die Butter, die Eigelbe sowie die getrockneten Kräuter dazugeben und alles zu einem glatten Teig verarbeiten.

3. Den Teig zugedeckt an einem warmen Ort 30 Minuten gehen lassen.

4. Inzwischen die frischen Kräuter waschen, sehr gut trockenschleudern und fein hacken. Dann unter den gegangenen Teig kneten und noch einmal 15 Minuten gehen lassen.

5. Den Teig zwischen Klarsichtfolie etwa 3 cm dick ausrollen und mit einem Glas runde Brötchen ausstechen. Die Brötchen auf ein mit Backpapier ausgelegtes Backblech setzen und nochmals 15 Minuten gehen lassen. Dann kreuzweise einschneiden.

6. Das Eigelb mit etwas Wasser verrühren und die Brötchen damit bestreichen. Dann mit dem Kümmel und den grob zerstoßenen Korianderkörnern bestreuen.

7. Die Brötchen im vorgeheizten Backofen bei 200 Grad (Gas Stufe 3) 15 bis 20 Minuten backen.
(Foto Seite 89: rechts)

Croissants

Für 18 Stück

500 g Weizenmehl Type 405
1 TL Salz
50 g Zucker
1/2 Würfel Hefe
etwa 1/4 l lauwarme Milch
1 Ei
300 g Butter
etwas Mehl zum Bearbeiten
1 Ei

1. Das Mehl in eine große Schüssel sieben und mit dem Salz mischen. Dann mit einem Löffel eine Mulde in das Mehl drücken und den Zucker und die Hefe hineingeben.

2. Dann die Hefe mit dem Zucker und etwas Mehl vom Rand mit ein wenig lauwarmer Milch zu einem glatten Brei verrühren. Die Schüssel abdecken und an einem warmen Ort 15 Minuten ruhen lassen.

3. Das Hefestück mit etwas Mehl bestreuen, den Rest der Milch, das Ei und 50 Gramm flüssige, aber nicht mehr heiße Butter dazugeben und alles zu einem glatten, festen Teig verkneten. Den Teig zurück in die bemehlte Schüssel geben, mit einem Küchentuch abdecken und 30 Minuten gehen lassen.

4. Die Butter im Kühlschrank aufbewahren, damit sie nicht zu weich wird.

5. Den Teig noch einmal kräftig durchkneten und weitere 30 Minuten ruhen lassen (Foto 1).

6. Inzwischen die feste Butter auf einer mit Mehl bestreuten Arbeitsplatte zu einem 15 mal 15 cm großen Quadrat ausrollen. Dieses Butterstück in Klarsichtfolie zurück in den Kühlschrank legen.

7. Den gegangenen Teig noch einmal kurz durchkneten und auf einer mit Mehl bestreuten Arbeitsplatte zu einer Fläche von 20 mal 35 cm ausrollen.

8. Auf eine Hälfte die zuvor ausgerollte Butter legen (Foto 2) und den Teig darüberschlagen und doppelt so groß ausrollen (Foto 3). Den Teig anschließend 15 Minuten in den Kühlschrank stellen.

9. Anschließend den Teig auf das Format 30 mal 40 cm ausrollen und von der Schmalseite aus zweimal übereinanderschlagen (Foto 4). Anschließend den Teig wieder für 15 Minuten in den Kühlschrank legen.

10. Diesen Vorgang: ausrollen, zusammenschlagen und kühl stellen noch 2 weitere Male wiederholen.

11. Für die Croissants den gekühlten Teig zu einem 40 mal 40 cm großen Quadrat ausrollen und die Teigränder glatt schneiden. Die Teigplatte in der Mitte durchteilen, so daß 2 Rechtecke von je 40 mal 20 cm entstehen.

12. Aus jedem Rechteck Dreiecke mit einer Seitenlänge von 10 cm und 2 Seitenlängen von 20 cm ausschneiden.

13. Die Schmalseite (10 cm) in der Mitte mit einem Schnitt von 3 cm Länge einkerben (Foto 5).

14. Die beiden Enden etwas auseinanderziehen und von der Einschnittseite her aufrollen. Den Teig zu Hörnchen biegen und auf ein mit Backpapier ausgelegtes Backblech setzen.

15. Die Croissants abdecken und noch einmal 60 Minuten gehen lassen.

16. Das Ei verquirlen und die Croissants damit bestreichen. Dabei ist darauf zu achten, daß von der Eiflüssigkeit nichts an die Teigränder kommt, da diese sonst nicht aufgehen können.

17. Die Croissants im vorgeheizten Backofen bei 200 Grad (Gas Stufe 3) 25 bis 30 Minuten backen. (Foto Seite 90)

— DER GUTE TIP —

Diese blättrigen Pariser Hörnchen schmecken am besten lauwarm mit etwas Butter und einem Becher Milchkaffee. Sie lassen sich ebenfalls sehr gut einfrieren und sollten vor dem Verzehr kurz im vorgeheizten Backofen aufgewärmt werden.

Foto 1

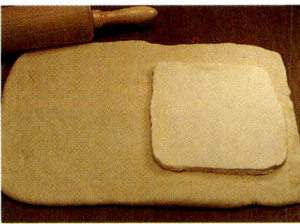

Foto 2

Foto 3

Foto 4

Foto 5

Brioches

Für 20 Stück

750 g Weizenmehl Type 405
2 TL Salz
50 g Zucker
30 g Hefe
etwa 60 ml lauwarme Milch
oder lauwarme Buttermilch
4 große (oder 5 kleine) Eier
300 g Butter
oder Margarine
etwas Mehl zum Bearbeiten
1 Ei

1. Das Mehl in eine große Schüssel sieben und mit dem Salz mischen. Dann mit einem Löffel eine Mulde drücken, 1 Teelöffel Zucker und die Hefe hineingeben. Dann mit der lauwarmen Milch die Hefe zu einem Brei verrühren. Die Schüssel mit einem Küchentuch abdecken und an einem warmen Ort 15 Minuten ruhen lassen.
2. Das Hefestück mit etwas Mehl bestäuben, den restlichen Zucker, die Eier und in Flöckchen die weiche Butter dazugeben.
3. Mit einem Holzlöffel oder einem elektrischen Handrührgerät den Teig so lange mischen, bis er sich von der Schüssel löst. Den Briocheteig zu einer Kugel formen und auf einer mit Mehl bestreuten Arbeitsfläche 10 bis 15 Minuten tüchtig durcharbeiten, bis er glänzend und geschmeidig geworden ist.
4. Die Teigkugel zurück in die mit Mehl bestreute

Schüssel legen, mit einem Küchentuch abdecken und an einem warmen Ort 60 Minuten gehen lassen, bis sich der Teig verdoppelt hat.
5. Den Teig noch einmal erneut durchkneten, damit alle Luft entweichen kann und der Teig geschmeidig und glatt wird.
6. Den Teig wieder in eine mit Mehl bestreute Schüssel legen, mit einem Küchentuch abdecken und weitere 60 Minuten an einem warmen Ort gehen lassen.
7. Den Teig nun noch einmal kurz durchkneten.

Anschließend zu einer langen Rolle formen und 20 gleich große Stücke davon abtrennen.
8. Von jedem Teigstück wiederum ein Viertel abnehmen und mit bemehlten Händen eine große runde Kugel und eine kleine birnenförmige Masse, die zu einer Seite spitz ausläuft, formen.
9. Die große Kugel entweder auf ein mit Backpapier ausgelegtes Backblech oder in kleine gefettete Pastetenförmchen aus Blech oder Papier legen *(Foto 1)*.

Foto 1

Foto 2

10. In die Mitte der großen Kugel mit einem Finger eine Vertiefung drücken und die kleinere Teigmasse mit dem spitzen Ende wie einen Keil in die Vertiefung setzen *(Foto 2)*. Die Teigbrioches rundherum mehrmals mit dem verquirlten Ei bestreichen.
11. Die Brioches noch einmal an einem warmen Ort 15 Minuten aufgehen lassen und vor dem Backen mit dem restlichen Ei bestreichen.
12. Die Brioches im vorgeheizten Backofen bei 220 Grad (Gas Stufe 4) 15 bis 20 Minuten goldgelb backen. Das fertige Gebäck auf einem Kuchengitter auskühlen lassen.
(Foto Seite 93)

DER GUTE TIP

Dieses traditionelle französische Frühstücksgebäck (auch Apostelkuchen genannt) duftet köstlich, ist locker und hat eine zarte, goldbraune Kruste sowie eine originelle Form. Es kann ebenso pur genossen werden wie mit Butter oder Konfitüre. Ob zum Frühstück oder zum Nachmittagstee bzw. -kaffee, es sollte möglichst ofenfrisch genossen werden, weil sein Wohlgeschmack dann unvergleichlich gut ist.

Französische Zwiebelbrötchen

Für 20 Brötchen

650 g Weizenmehl Type 550
1 Tüte französische
Zwiebelsuppe
$\frac{1}{2}$ Würfel Hefe
1 TL Zucker
400 ml lauwarmes Wasser
1 TL Salz
1 Tüte Röstzwiebeln
(Fertigprodukt)
30 g Schweineschmalz
oder Butter
1 kleines Ei
40 g Emmentaler
etwas Cayennepfeffer

1. Das Mehl in eine Schüssel sieben und mit dem Suppenpulver mischen.
2. Die Hefe zerbröckeln und mit dem Zucker in dem lauwarmen Wasser verrühren, bis sich die Hefe aufgelöst hat.
3. Das Hefewasser zum Mehl geben und mischen, dann das Salz, die Röstzwiebeln und das weiche Fett hinzufügen und alle Zutaten zu einem glatten und geschmeidigen Teig verkneten.

4. Den Teig in der Schüssel mit einem Tuch abdecken und an einem warmen Ort 45 Minuten gehen lassen, bis sich das Volumen verdoppelt hat.
5. Den Teig noch einmal kurz durchkneten, in 20 gleich große Stücke teilen und zu runden oder länglichen Brötchen formen.
6. Die Brötchen auf ein mit Backpapier ausgelegtes Backblech setzen und nochmals 30 Minuten an einem warmen Ort ruhen lassen.
7. Die Zwiebelbrötchen im vorgeheizten Backofen bei 200 Grad (Gas Stufe 3) 15 Minuten backen.
8. Inzwischen das Ei mit etwas Wasser verrühren. Den Käse grob raffeln. Die heißen Brötchen mit dem Ei bestreichen und mit etwas Käse und Cayennepfeffer bestreuen, dann weitere 10 bis 15 Minuten backen.

Haferbrötchen

Für 18 Brötchen

125 g kernige Haferflocken
375 g Weizenmehl Type 405
$^1/_2$ Würfel Hefe
$^1/_2$ TL Zucker
$^1/_4$ l lauwarme Milch
1 TL Salz
1 Eiweiß
4 EL kernige Haferflocken

1. Die kernigen Haferflocken mit dem gesiebten Mehl in einer Schüssel mischen. Die Hefe mit dem Zucker in der lauwarmen Milch auflösen, dann das Salz dazugeben und über das Mehl gießen. Alles zu einem glatten Teig verarbeiten. Anschließend mit einem Küchentuch abdecken und an einem warmen Ort 30 Minuten gehen lassen, bis sich der Teig verdoppelt hat.
2. Den Teig noch einmal kräftig durchkneten und dann mit bemehlten Händen zu einer Rolle formen. Davon 18 gleich große Stücke abteilen und zu Kugeln formen.
3. Die Teigkugeln auf ein mit Backpapier ausgelegtes Backblech setzen, abdecken und an einem warmen Ort noch einmal 30 Minuten gehen lassen.
4. Die Brötchen vor dem Backen mit einem scharfen Messer ein oder zweimal etwa 1 cm tief einschneiden, damit sie besser aufgehen. Dann mit dem leicht verschlagenen Eiweiß bestreichen und mit einigen Haferflocken bestreuen.

5. Die Brötchen im vorge-
heizten Backofen bei 220
Grad (Gas Stufe 4) 20 bis 25
Minuten backen.
(Foto Seite 94)

Hafer-Speck-Brötchen

Für etwa 25 Brötchen

125 g durchwachsener Speck
1 Zwiebel
1 EL Butter
$^1/_2$ Würfel Hefe
1 TL Zucker
$^1/_4$ l lauwarmes Wasser
150 g Köllns kernige Haferflocken
150 g Blütenzarte Köllnflocken
150 g Weizenvollkornmehl
1 TL Kräutersalz
1 TL Schnittlauchröllchen
1 TL Oregano, getrocknet
1 TL Olivenöl
150 g Emmentaler, gerieben

1. Den Speck sehr fein würfeln. Die Zwiebel schälen
und ebenfalls in kleine Würfel schneiden. Anschließend
den Speck in der heißen
Butter anbraten, dann die
Zwiebeln dazugeben und
weich schmoren. Beides
abkühlen lassen.
2. Die Hefe mit dem Zucker
in dem lauwarmen Wasser
auflösen.
3. Die kernigen Haferflocken und die zarten
Haferflocken sowie das
Weizenvollkornmehl mit
dem Kräutersalz in einer
Schüssel mischen. Nun das
Hefewasser dazugießen und
alles zu einem glatten Teig
verarbeiten. Den Teig in die
mit Mehl ausgestreute
Schüssel legen, abdecken
und an einem warmen Ort
30 Minuten gehen lassen.
4. Inzwischen den Schnittlauch, das Oregano, das Öl
sowie den geriebenen Käse
mischen und anschließend
mit dem gegangenen Teig
verkneten. Die Teigkugel
noch einmal in eine mit
Mehl bestreute Schüssel
legen, mit einem Küchen-
tuch abdecken und an
e nem warmen Ort 45
Minuten gehen lassen.
5. Nun d e Speck- und Zwie-
belwürfe unter den Teig
kneten. Aus dem Teig etwa
25 gleich große Stücke
abteilen und zu Kugeln formen. Dann auf ein mit Backpapier ausgelegtes Back-
blech legen und noch einmal
10 Minuten gehen lassen.
Dann mit einem scharfen
Messer etwa 1 cm tief
einschneiden.
6. Die Brötchen im vorgeheizten Backofen bei 220
Grad (Gas Stufe 4) 35 bis 40
Minuten backen. Zuvor eine
feuerfeste Schüssel mit
kochendem Wasser auf den
Boden des Backofens
stellen. Die Brötchen auf
einem Kuchengitter aus-
kühlen lassen.
(Foto Seite 95)

Weizenschrot-brötchen mit Mohn

Für 15 Brötchen

125 g weiche Butter
50 g Zucker
$^1/_2$ TL Salz, 2 Eier
5 g geriebene bittere Mandeln
100 g gemahlener Mohn
250 g Weizenvollkornschrot
$^3/_4$ P. Backpulver
Vollkornschrot zum Bearbeiten

1. Die Butter in einer ange-wärmten Schüssel mit einem elektrischen Küchen-quirl sehr schaumig schla-gen. Nach und nach den Zucker, das Salz, die Eier und die geriebenen Mandeln dazugeben.

2. Dann den gemahlenen Mohn, das Weizenvollkorn-schrotmehl sowie das Back-pulver dazugeben und alles zu einem glatten Teig verar-beiten. Falls der Teig zu fest sein sollte, einige Eßlöffel Eiswasser (aus Eiswürfeln) hinzufügen.
3. Mit einem in Schrot getauchten Löffel Teig-stückchen abstechen, mit Schrot bemehlten Händen runde Bällchen formen und im Abstand von 5 cm auf ein mit Backpapier belegtes Backblech legen.
4. Die Brötchen im vorge-heizten Backofen bei 200 Grad (Gas Stufe 3) 25 bis 30 Minuten backen.
5. Die fertigen Brötchen auf einem Küchengitter aus-kühlen lassen.
(Foto Seite 96)

--- DER GUTE TIP ---

Dieses gehaltvolle Gebäck schmeckt nicht nur zum Frühstück, auch als Wanderproviant mit Butter bestrichen ist es sehr gut geeignet. Statt Mohn können auch gerie-bene Haselnüsse oder geriebene Walnüsse in den Teig eingearbeitet werden. Die Brötchen lassen sich sehr gut ein-frieren, werden dann in den kalten Backofen gelegt und bei 150 Grad wieder aufgebacken.

Weizenkeim-brötchen

Für 25 Brötchen

250 g Weizenvollkornschrot
250 g Weizenmehl Type 1050
2 TL Salz
1 EL Zucker
1 Würfel Hefe
$^1/_8$ l lauwarme Milch
350 ml lauwarmes Wasser
1 EL Speiseöl
40 g Butter
2 EL Weizenkeimlinge
etwas Mehl zum Bearbeiten

1. Das Weizenschrot mit dem Weizenmehl, dem Salz und dem Zucker in einer Schüssel mischen.
2. Mit einem Löffel eine Mulde drücken und die Hefe

hineinbröckeln. Nun die Hefe mit etwas Mehl vom Rand und der lauwarmen Milch zu einem Brei verrühren. Die Schüssel mit einem Tuch abdecken und an einem warmen Ort 15 Minuten ruhen lassen.

3. Das Hefestück mit etwas Mehl bestreuen. Das lauwarme Wasser sowie das Speiseöl und die weiche Butter dazugeben und alles zu einem glatten Teig verarbeiten, der nicht mehr klebt, sondern locker und geschmeidig ist.

4. Den Teig in eine mit Mehl bestreute Schüssel legen, mit einem Küchentuch abdecken und an einem warmen Ort 45 Minuten gehen lassen, bis sich der Umfang verdoppelt hat.

5. Nun den Teig noch einmal kräftig durchkneten und dabei die Weizenkeimlinge hinzufügen.

6. Für die Brötchen Teigstückchen von etwa 50 Gramm abteilen und 20 cm lange Rollen formen. Diese Rollen zu Knoten schlingen und auf ein mit Backpapier ausgelegtes Backblech legen. Die Brötchen noch einmal an einem warmen Ort 30 bis 40 Minuten abgedeckt gehen lassen. Zwischendurch die Brötchen öfter mit warmem Wasser bestreichen.

7. Die Weizenkeimbrötchen im vorgeheizten Backofen bei 200 Grad (Gas Stufe 3) 25 bis 30 Minuten backen.

8. Die fertig gebackenen Brötchen auf einem Kuchengitter abkühlen lassen.

— *DER GUTE TIP* —

Diese originell geformten, deftigen und sättigenden Brötchen gehören zu einem gesunden Frühstück.

Kaiserbrötchen

Für 16 Brötchen

500 g Weizenmehl Type 405
1 TL Salz
$^1/_2$ Würfel Hefe
1 Ei
$^1/_4$ l lauwarme Milch
etwas Mehl zum Bearbeiten
1 Eigelb
Mohn, Leinsamen, Sesam,
Haferflocken, geriebener Käse

1. Das Mehl in eine große Schüssel sieben und mit dem Salz mischen. Dann mit einem Löffel eine Mulde drücken und die Hefe hineinbröckeln.

2. Das Ei in einer Schüssel verrühren und über das Mehl am Rand der Schüssel gießen.

3. Die zerbröckelte Hefe mit etwas Mehl vom Rand und ein wenig Milch zu einem Brei verrühren. Die Schüssel mit einem Küchentuch abdecken und den Teig an einem warmen Ort 15 Minuten ruhen lassen.

4. Das Hefestück mit etwas Mehl bestäuben, die restliche Milch dazugeben und alles zu einem glatten Teig verarbeiten. Den Teig in der Schüssel abdecken und an einem warmen Ort 30 Minuten gehen lassen.

5. Anschließend den Teig auf einer Arbeitsplatte noch einmal kräftig durchkneten, dann zurück in die mit Mehl bestreute Schüssel legen und etwa 45 Minuten abgedeckt gehen lassen, bis sich der Teig verdoppelt hat.

6. Den Teig noch einmal kurz durchkneten und etwa 50 Gramm schwere Teigstückchen abteilen.

7. Jedes Teigstück noch einmal kurz durchkneten und mit bemehlten Händen runde oder längliche Brötchen oder Kringel formen.

8. Die Brötchen im Abstand von 5 cm auf ein mit Backpapier ausgelegtes Backblech legen. Mit einem Küchentuch abdecken und noch einmal an einem warmen Ort 20 Minuten gehen lassen.

9. Die Brötchen mit Wasser verquirltem Eigelb bestreichen und dann mit einem scharfen Messer oder einer Schere stern- oder kreuzförmig einschneiden. Dann je nach Geschmack mit Mohn, Leinsamen, Sesam, Hartkäse, Kümmel usw. bestreuen.

10. Die Kaiserbrötchen im vorgeheizten Backofen bei 200 Grad (Gas Stufe 3) 20 bis 25 Minuten backen. Vor Backbeginn auf den Herdboden eine feuerfeste Schüssel mit kochendem Wasser stellen.

11. Die fertig gebackenen Brötchen auf einem Kuchengitter auskühlen lassen und dann erst aufschneiden.

Grahambrötchen

Für 8 Brötchen

500 g Grahammehl (aus dem Reformhaus)
$^1/_4$ l lauwarmes Wasser
2 TL Salz, 2 TL Honig
2 TL Speiseöl
1 TL Weizenmehl Type 550
$^1/_2$ Würfel Hefe
etwa 60 ml lauwarmes Wasser
1 TL Kümmel, zerstoßen

1. Das Grahammehl in eine Schüssel geben. Das Wasser mit dem Salz, dem Honig, dem Öl und dem Weizenmehl verrühren. Anschließend mit dem Grahammehl mischen.

2. Die Hefe in dem lauwarmen Wasser verrühren, über den Mehlbrei geben und alles zu einem glatten Teig verarbeiten.

3. Die Schüssel abdecken und an einem warmen Ort 30 Minuten ruhen lassen.

4. Anschließend den Teig noch einmal kräftig durchkneten und mit dem Kümmel würzen.

5. Den Teig zurück in die mit Mehl bestreute Schüssel legen, mit einem Tuch abdecken und weitere 30 Minuten gehen lassen.

6. Anschließend den Teig in 18 gleich große Stücke teilen und runde oder längliche Brötchen formen.

7. Die Brötchen auf ein mit Backpapier ausgelegtes Backblech legen und im vorgeheizten Backofen bei 200 Grad (Gas Stufe 3) 25 bis 30 Minuten backen.

Kümmelstangen

Für 40 Stück

500 g Weizenmehl Type 550
1 TL Salz
1 TL Zucker
$^1/_2$ Würfel Hefe
200 ml lauwarme Milch
125 g weiche Butter
etwas Mehl zum Bearbeiten
1 Ei
Kümmel zum Bestreuen

1. Das Mehl in eine große Schüssel sieben und mit dem Salz und dem Zucker mischen. Dann mit einem Löffel eine Mulde drücken und dort hinein die Hefe bröckeln.
2. Die Hefe mit etwas Milch und ein wenig Mehl vom Rand zu einem Brei verrühren. Die Schüssel abdecken und an einem warmen Ort 15 Minuten ruhen lassen.
3. Das Hefestück mit etwas Mehl bestäuben, die restliche lauwarme Milch, die flüssige, aber nicht mehr heiße Butter dazugeben und alles zu einem glatten und festen Teig verkneten, der nicht mehr klebt, sondern anfängt Blasen zu werfen.
4. Den Teig zu einem Ball formen und in die mit Mehl bestreute Schüssel legen. Mit einem Küchentuch abdecken und an einem warmen Ort 45 Minuten gehen lassen, bis sich der Umfang verdoppelt hat.
5. Den Teig noch einmal kurz durchkneten und in 40 gleich große Stücke teilen. Diese Teigstücke noch einmal kurz durchkneten und zu

etwa 12 cm langen Rollen formen, die auch gedreht werden können.
6. Die Stangen auf ein mit Backpapier ausgelegtes Backblech legen, mit einem Küchentuch abdecken und noch einmal 20 Minuten gehen lassen.
7. Das Ei mit etwas Wasser verquirlen und die Stangen anschließend damit bestreichen, dann sofort mit dem Kümmel bestreuen.
8. Die Kümmelstangen im vorgeheizten Backofen bei 200 Grad (Gas Stufe 3) 20 bis 25 Minuten backen und anschließend auf einem Kuchengitter vollständig auskühlen lassen.

Griebenschmalz-brötchen

Für etwa 30 Stück

500 g Weizenmehl Type 550
1 TL Salz
1 TL Pfeffer, gemahlen
150 g Griebenschmalz
1 Ei
$^1/_2$ Würfel Hefe
$^1/_4$ l lauwarme Buttermilch
etwas Mehl zum Bearbeiten
1 Ei
Salz und Kümmel zum Bestreuen

1. Das Mehl in eine große Schüssel sieben und mit dem Salz und dem Pfeffer mischen. Anschließend in Flöckchen das Griebenschmalz auf das Mehl setzen und das Ei dazugeben,

alles miteinander gut mischen.
2. Die Hefe in der lauwarmen Buttermilch auflösen und zu den anderen Zutaten in die Schüssel geben. Alles zu einem glatten Teig verarbeiten. Die Schüssel mit einem Küchentuch abdecken und an einem warmen Ort 30 Minuten ruhen lassen.
3. Den Teig auf einer bemehlten Arbeitsplatte oder zwischen Klarsichtfolie etwa 1 cm dick ausrollen und zweimal übereinanderlegen. Diesen Teig in einen Plastikbeutel schieben und an einem warmen Ort 30 Minuten gehen lassen.
4. Den Teig erneut etwa 2 cm dick ausrollen und mit einem Glas von etwa 6 cm Durchmesser runde Plätzchen ausstechen. Dabei den Glasrand öfter in Mehl eintauchen, damit der Teig nicht am Glas festklebt.
5. Die Brötchen auf ein mit Backpapier ausgelegtes Backblech im Abstand von 3 cm verteilen. Dann sofort mit dem verquirlten Ei bestreichen und mit Salz oder Kümmel bestreuen.
6. Die Brötchen an einem warmen Ort noch einmal 15 Minuten aufgehen lassen und mit dem restlichen Ei bestreichen. Dann im vorgeheizten Backofen bei 200 Grad (Gas Stufe 3) 15 bis 20 Minuten backen.
7. Die Brötchen auf einem Kuchengitter auskühlen lassen. Sie schmecken am besten lauwarm zu einem Glas Bier oder Wein.

Polnische Zwiebelbrötchen

Für 30 Brötchen

500 g Weizenmehl Type 550
oder Type 1050
2 TL Salz
1 TL Zucker
$^1/_2$ Würfel Hefe
200 ml lauwarme Buttermilch
oder Kefir
3 Eigelb
60 g weiches (Grieben-)
Schweineschmalz
etwas Mehl zum Bearbeiten

Füllung:

250 g Zwiebeln
50 g Schweineschmalz
1 TL Zucker
etwas Knoblauchsalz
Pfeffer aus der Mühle
1 Eiweiß

1. Das Mehl in eine große Schüssel sieben und mit dem Salz und dem Zucker mischen.
2. Mit einem Löffel eine Mulde in das Mehl drücken und dort hinein die Hefe bröckeln. Die Hefe mit etwas lauwarmer Buttermilch und ein wenig Mehl vom Rand zu einem Brei verrühren. Die Schüssel mit einem Küchentuch abdecken und an einem warmen Ort 15 Minuten gehen lassen.
3. Das Hefestück mit etwas Mehl bestäuben, dann die restliche lauwarme Buttermilch, die Eigelbe, das flüssige, aber nicht mehr heiße Schweineschmalz dazuge-

ben und alles zu einem glatten Teig verarbeiten, der
nicht mehr klebt. Den Teig
zu einer Kugel formen und
in die mit Mehl bestreute
Schüssel legen.
4. Die Schüssel mit einem
Tuch abdecken und den Teig
an einem warmen Ort 45
Minuten gehen lassen, bis
er sich verdoppelt hat.
5. Inzwischen die Zwiebeln
schälen und fein würfeln.
Dann in dem Schweine-
schmalz nach Geschmack
hell oder dunkel dünsten.

Zum Schluß mit Zucker,
Knoblauchsalz und Pfeffer
würzen.
6. Den gegangenen Teig in
30 gleich große Stücke
teilen. Jedes Teigstück noch
einmal kurz durchkneten
und zu Bällchen formen.
7. Die Bällchen auf ein mit
Backpapier ausgelegtes
Backblech in Abständen von
5 cm setzen.
8. Mit zwei Fingern eine
Mulde in jedes Teigbällchen
drücken. Das Eiweiß leicht
verschlagen und die Bröt-

chen damit bestreichen.
Dann in jede Mulde etwa 1
Teelöffel Zwiebelfüllung hineingeben und leicht an-
drücken.
9. Die Brötchen noch einmal abgedeckt an einem
warmen Ort 20 Minuten
gehen lassen. Dann im
vorgeheizten Backofen bei
200 Grad (Gas Stufe 3) 20
bis 25 Minuten backen.
Vor Backbeginn eine
feuerfeste Schale mit
kochendem Wasser auf den
Herdboden stellen.

10. Diese würzigen
Brötchen reicht man zu
einer würzigen Suppe oder
auch zu einem Glas Wein
oder Bier.
(Foto Seite 99)

Walnußbrötchen

Für 12 Brötchen

200 g Walnußkerne
1 TL Butter
250 g Roggenmehl Type 815
250 g Weizenmehl Type 1050
2 TL Salz
1 TL Zucker
4 TL getrocknete grüne
Pfefferkörner
30 g Butter
1 Ei
1 1/2 Würfel Hefe
knapp 1/4 l lauwarmes Wasser
etwas Mehl zum Bearbeiten
12 halbe Walnußkerne

1. Die Walnußkerne grob
hacken und in der heißen
Butter rundherum leicht
anrösten, anschließend
abkühlen lassen.
2. Die beiden Mehlsorten in
einer Schüssel mit den
Walnüssen, Salz, Zucker
und den Pfefferkörnern
mischen.
3. Die Butter schmelzen
und über das Mehl gießen,
dann das Ei hinzufügen.
Alles locker miteinander
mischen.
4. Die Hefe in dem lauwarmen Wasser auflösen und
zu den anderen Zutaten in
die Schüssel geben. Dann
alles zu einem glatten Teig
verarbeiten, der nicht mehr
klebt, sondern glatt und
geschmeidig geworden ist.
5. Den Teig in die mit Mehl
bestreute Schüssel legen,
mit einem Küchentuch
abdecken und an einem
warmen Ort 60 Minuten
gehen lassen.

6. Den Teig noch einmal
kurz durchkneten und in 12
gleich große Stücke teilen.
Diese Stücke dicht neben-
einander auf ein mit Backpapier belegtes Backblech
legen. Dann mit lauwarmem
Wasser bestreichen und auf
jedes Teigstück eine halbe
Walnuß drücken.
7. Den Teig noch einmal abdecken und an einem war-
men Ort 60 Minuten gehen
lassen.
8. Den Backofen auf 240
Grad (Gas Stufe 6) vorheizen. Eine feuerfeste Schale
mit kochendem Wasser auf
den Herdboden stellen. Die
Brötchen in den vorgeheizten Backofen schieben und
10 Minuten backen. An-
schließend die Temperatur
auf 200 Grad (Gas Stufe 3)
herunterschalten und weitere 30 bis 35 Minuten
backen.
9. Die Brötchen auf einem
Kuchengitter auskühlen lassen. Anschließend auseinanderbrechen und nach Ge-
schmack längs oder quer in
Scheiben schneiden.
10. Die Walnußbrötchen
schmecken lauwarm am
besten.

Oliven-Kräuter-Brötchen

Für 18 Brötchen

60 g Haselnüsse
500 g Roggenmehl Type 815
1 TL Zucker
1 TL Salz
30 g Hefe
etwa 1/4 l lauwarmes Wasser
2 EL Olivenöl
1 TL Thymian, getrocknet
1 TL Majoran, getrocknet
1 TL Rosmarin, getrocknet
1 TL Oregano, getrocknet
100 g schwarze Oliven
etwas Mehl zum Bearbeiten
1 Eiweiß

1. Die Haselnüsse in einer
fettfreien Pfanne rösten. Anschließend zwischen 2 Kü-
chentüchern die braune
Haut abreiben. Die Hasel-
nüsse grob hacken.
2. Das Mehl in einer Schüssel mit Zucker und Salz
mischen.
3. Die Hefe in dem lauwarmen Wasser auflösen und
über das Mehl gießen. Zum
Schluß das Öl hinzufügen
und alles zu einem glatten
Teig verkneten. Dann in eine
mit Mehl ausgestreute
Schüssel legen, mit einem
Tuch abdecken und an ei-
nem warmen Ort 45 Minu-
ten gehen lassen.
4. Den Teig mit den Kräutern bestreuen. Die Oliven
entsteinen und grob hacken.
Mit den Haselnüssen zum
Teig geben, alles rasch verkneten und in 18 gleich
große Stücke teilen.

5. Die Brötchen auf ein mit
Backpapier ausgelegtes Backblech legen und nochmals 30
Minuten gehen lassen.
6. Die Brötchen mit dem
Eiweiß bestreichen, dann im
vorgeheizten Backofen bei
200 Grad (Gas Stufe 3) 25
bis 30 Minuten backen.
7. Die heißen Brötchen
mit dem restlichen Eiweiß
bepinseln und auf einem
Kuchengitter vollständig
abkühlen lassen.

Holzfällerbrötchen

Für 24 Brötchen

Vorteig (Seite 17):
300 g Weizenmehl Type 550
300 ml lauwarmes Wasser
2 EL Sauerteig (50 g)

Hauptteig:
200 g Weizenmehl Type 405
500 g Roggenmehl Type 1370
350 ml warmes Wasser
(45 Grad)
4 TL Salz
2 EL Rübensirup
etwas Mehl zum Bearbeiten
2 EL Sesam
2 EL Mohn

1. Der Vorteig muß – wie
auf Seite 17 ausführlich
beschrieben – 12 Stunden
gären. Mischen Sie, wie
erklärt, das Mehl mit dem
warmen Wasser und dem
Grundansatz Sauerteig.
Schieben Sie die Schüssel in
eine Plastiktüte und lassen
Sie sie 12 Stunden an einem
warmen Ort stehen.

2. Für den Hauptteig wird der gärende Vorteig mit dem Roggenmehl und dem Weizenmehl sowie dem warmen Wasser, dem Salz und dem Rübensirup kräftig verknetet.

3. Die Schüssel mit etwas Mehl bestäuben, den Teig einfüllen, mit einem Tuch abdecken und an einem warmen Ort 60 Minuten gehen lassen.

4. Den gut aufgegangenen Teig auf eine mit Mehl bestreute Arbeitsplatte stürzen und noch einmal kräftig durchkneten, bis der Teig

nicht mehr klebt, sondern glatt und geschmeidig geworden ist.

5. Eine runde oder eckige Backform mit Backpapier auslegen oder mit Fett ausstreichen.

6. Von der Teigmasse 24 gleich große Stückchen abnehmen und nebeneinander in die Form setzen. Das Ganze mit einem Küchentuch abdecken und noch einmal 20 Minuten gehen lassen.

7. Die Brötchen mit lauwarmem Wasser bestreichen und abwechselnd mit Mohn

und Sesam bestreuen. Dann noch einmal 10 Minuten gehen lassen und im vorgeheizten Backofen bei 200 Grad (Gas Stufe 3) 5 Minuten backen. Anschließend die Temperatur auf 180 Grad (Gas Stufe 2) herunterschalten und weitere 35 bis 40 Minuten backen.

8. Die fertigen Brötchen in der Form abkühlen lassen, später auseinanderbrechen.
(Foto Seite 101)

--- *DER GUTE TIP* ---

Die Brötchen in diesem Kapitel lassen sich sehr gut einfrieren. Damit sie knusprig werden, schieben Sie sie jedoch vor dem Servieren noch einmal kurz in den heißen Backofen. Setzen Sie die Teighäufchen vor dem Gehen nicht zu dicht nebeneinander, weil der Teig sehr gut aufgeht.

Knusprige Mischbrötchen

Für 18 Brötchen

250 g Roggenmehl Type 815
250 g Weizenmehl Type 405
2 TL Salz
1 TL Zucker
1 TL Koriander, gemahlen
1 Würfel Hefe
300 ml lauwarmes Wasser
etwas Mehl zum Bearbeiten

1. Die beiden Mehlsorten in eine große Schüssel sieben und mit dem Salz, dem Zucker und dem Koriander mischen.
2. Mit einem Löffel eine Mulde drücken und dort hinein die Hefe bröckeln.
3. Die Hefe mit etwas Mehl vom Rand und ein wenig lauwarmem Wasser zu einem Brei verrühren. Die Schüssel abdecken und an einem warmen Ort 15 Minuten ruhen lassen.
4. Das Hefestück mit etwas Mehl bestreuen und das restliche Wasser dazugeben. Alles zu einem glatten Teig verarbeiten und zurück in die mit Mehl bestreute Schüssel legen. Die Schüssel mit einem Küchentuch abdecken und an einem warmen Ort 45 Minuten ruhen lassen.
5. Den Teig noch einmal kräftig durchkneten und dann in 18 gleich große Stücke teilen. Jedes Teigstück noch einmal kurz durchkneten und dann mit leicht bemehlten Händen

runde oder längliche Brötchen formen.

6. Die Brötchen auf ein mit Backpapier ausgelegtes Backblech legen, mit einem Küchentuch abdecken und weitere 20 Minuten gehen lassen.

7. Die Brötchen mit lauwarmem Wasser bestreichen und anschließend mit wenig Mehl bestäuben. Dann mit einem scharfen Messer in der Mitte einmal etwa 1 cm tief einschneiden.

8. Die Brötchen im vorgeheizten Backofen bei 200 Grad (Gas Stufe 3) 30 bis 35 Minuten backen. Anschließend auf einem Kuchengitter auskühlen lassen.
(Foto Seite 102)

Röggelchen

Für 18 Stück

250 g Roggenmehl Type 815
250 g Roggenvollkornmehl
2 TL Salz
1 TL Zucker
2 EL Speiseöl
$1/2$ P. Vitam Sauerteig-Extrakt
(aus dem Reformhaus)
1 Würfel Hefe
300 ml lauwarmes Wasser
etwas Mehl zum Bearbeiten

1. Die beiden Mehlsorten in eine Schüssel sieben und mit dem Salz und dem Zucker mischen.

2. Anschließend das Speiseöl, den Sauerteigextrakt, die zerbröckelte Hefe und das lauwarme Wasser dazugeben und alles zu einem glatten Teig verarbeiten. Den Teig zurück in die mit Mehl bestreute Schüssel legen, mit einem Küchentuch abdecken und an einem warmen Ort 30 Minuten gehen lassen.

3. Anschließend den Teig noch einmal kräftig durcharbeiten, zurück in die mit Mehl bestreute Schüssel legen und an einem warmen Ort weitere 60 Minuten gehen lassen.

4. Den Teig in 18 gleich große Stücke teilen und ovale Brötchen formen und auf ein mit Backpapier ausgelegtes Backblech legen.

5. Die Brötchen abdecken und an einem warmen Ort noch einmal 60 Minuten gehen lassen.

6. Anschließend mit etwas lauwarmem Wasser bestreichen und im vorgeheizten Backofen bei 240 Grad (Gas Stufe 5) 5 Minuten backen. Anschließend die Temperatur auf 200 Grad (Gas Stufe 3) herunterschalten und weitere 30 Minuten backen. Vor Backbeginn eine feuerfeste Schüssel mit kochendem Wasser auf den Herdboden stellen.
(Foto Seite 103)

Gewürzbrötchen im Blumentopf

Für 16 Brötchen

250 g Roggenmehl Type 815
250 g Weizenmehl Type 550
2 TL Salz
1 TL Zucker
2 TL Pfeffer, gemahlen
1 TL Pfeffer, geschrotet
1 TL Kümmel, gemahlen
1 TL Koriander, gemahlen
1 TL Fenchel, gemahlen
1 TL Anis, gemahlen
1 TL Kardamom, gemahlen
1 Würfel Hefe
$^1/_4$ l lauwarmes Wasser
etwas Mehl zum Bearbeiten
16 kleine tönerne Blumentöpf-chen mit einem oberen Durch-messer von etwa 5 cm
Butter zum Einfetten

1. Die beiden Mehlsorten in eine Schüssel sieben und anschließend mit dem Salz, dem Zucker und allen Gewürzen mischen.
2. Mit einem Löffel eine Mulde drücken und dort hinein die Hefe bröckeln.
3. Die Hefe mit etwas Mehl vom Rand und ein wenig lauwarmem Wasser zu einem Brei rühren. Die Schüssel abdecken und an einem warmen Ort 15 Minuten ruhen lassen.
4. Das Hefestück mit etwas Mehl bestäuben und anschließend das restliche Wasser dazugeben. Alles zu einem glatten, geschmeidigen Teig verarbeiten. Dann in eine mit Mehl bestreute Schüssel legen, mit einem

Berliner Schusterjungen

Für 16 Stück

500 g Roggenmehl Type 815
1 $^1/_2$ P. Backpulver
1 TL Salz
1 TL Kümmel
350 ml lauwarmes helles Bier
etwas Mehl zum Bearbeiten
1 TL Salz zum Bestreuen
1 TL Kümmel zum Bestreuen

1. Das Mehl in eine große Schüssel sieben und anschließend mit Backpulver und Salz mischen.
2. Mit einem Rührlöffel langsam das Bier unterrühren, bis ein fester Teig entstanden ist.
3. Den Teig in 18 gleich große Stücke teilen, in Mehl wenden und dann auf ein mit Backpapier ausgelegtes Backblech setzen. Die Brötchen mit Wasser bestreichen und anschließend mit etwas Salz und Kümmel bestreuen, beides etwas andrücken.
4. Die Brötchen in den kalten Backofen schieben. Auf den Herdboden eine feuerfeste Schüssel mit kochendem Wasser stellen. Anschließend die Brötchen bei 200 Grad (Gas Stufe 3) 40 bis 45 Minuten backen. *(Foto Seite 104)*

DER GUTE TIP

Dieses köstliche Gebäck wird mit Schmalz und Käse gegessen, delikat auch zu Butter und Berliner Soleiern. Bier ist das passende Getränk zu den Schusterjungen.

Küchentuch abdecken und an einem warmen Ort 60 Minuten gehen lassen, bis sich der Teig verdoppelt hat.

5. Den Teig noch einmal kurz durchkneten und in 16 gleich große Stücke teilen.

6. Die Blumentöpfe sehr gründlich innen und außen waschen und gut durchtrocknen lassen. Anschließend innen dick mit Butter bestreichen und in jedes Töpfchen etwas Teig hineinsetzen.

7. Die gefüllten Blumentöpfchen auf ein Backblech setzen, mit Plastikfolie abdecken und an einem warmen Ort 40 Minuten gehen lassen, so daß der Teig aus den Töpfchen emporsteigt. Die Oberfläche mit etwas lauwarmem Wasser oder flüssiger Butter bestreichen.

8. Den Backofen auf 220 Grad (Gas Stufe 4) vorheizen. Die Blumentopfbrötchen in den Ofen schieben, die Temperatur auf 200 Grad (Gas Stufe 3) herunterschalten und die Brötchen 35 bis 40 Minuten backen.

9. Die Brötchen in den Blumentöpfen abkühlen lassen. Vorsicht, die Tontöpfe sind nach dem Backen sehr heiß. Die Brötchen werden lauwarm oder kalt in den Blumentöpfchen serviert.

Zarte Haferwecken

Für 12 Stück

30 g Hefe
60 g Zucker
200 ml lauwarme Buttermilch
150 g Blütenzarte Köllnflocken
225 g Weizenvollkornmehl
75 g Butter
1 TL Salz
50 g Rosinen
2 TL Zimt
1 Ei
4 EL Milch
30 g Butter zum Bestreichen

1. Die Hefe zusammen mit 30 Gramm Zucker in 100 Milliliter lauwarmer Buttermilch auflösen. Dann abgedeckt 10 Minuten an einem warmen Ort ruhen lassen, bis die Hefe Blasen schlägt.

2. Die Haferflocken mit dem Mehl in einer Schüssel mischen, den restlichen Zucker und die restliche Buttermilch sowie die weiche Butter und das Salz hinzufügen. Alle Zutaten locker miteinander vermischen und dann die Hefemilch dazugeben. Alles zu einem glatten Teig verarbeiten. Die Schüssel abdecken und an einem warmen Ort 60 Minuten ruhen lassen.

3. Den Teig noch einmal durchkneten und dabei die Rosinen und den Zimt dazugeben.

4. Aus dem Teig 12 etwa handballengroße Wecken formen und auf ein mit Backpapier ausgelegtes Backblech setzen.

5. Das Ei mit der Milch verquirlen und das Gebäck damit bestreichen, dann die Haferwecken abgedeckt an einem warmen Ort 30 bis 40 Minuten gehen lassen. Anschließend die Wecken noch einmal mit der restlichen Eiermilch bestreichen und im vorgeheizten Backofen bei 200 Grad (Gas Stufe 3) 20 bis 25 Minuten backen. Die zarten Haferwecken auf einem Kuchengitter vollständig erkalten lassen.

(Foto Seite 105)

Gemüsekuchen, Pizza, Quiche & Pie

Wer kennt und liebt sie nicht, die würzige Pizza
mit dem knusprigen Boden aus Italien oder
die saftige Quiche Lorraine, den herzhaften Käsekuchen
auf mürbem Boden aus dem Nachbarland Elsaß, oder
Ham and Kidney Pie, die englische Schinken- und Nierenpastete.
Aus unserem Land stammen die deftigen und leichten
Gemüsekuchen. All diese pikanten Backwaren haben
eines gemeinsam, sie schmecken jedem und sie schmecken immer:
Als kleiner Imbiß, als feine Abendmahlzeit,
zu Wein und Bier. Für die Gästebewirtung sind sie unschlagbar.
Sie können in Ruhe vorbereitet
und beim Eintreffen der Gäste in den Ofen geschoben werden.
In rund 30 Minuten stehen sie auf dem Tisch,
die Lauchtorte und die Tomatenquiche, die Auberginentarte
und die Pizzaschnecken.
Lassen Sie sich entführen in unser pikantes Backparadies.

Lauchtorte,
Rezept Seite 108

Lauchtorte

Für 4 Portionen

150 g Weizenmehl Type 405
75 g Kölln Instant-Flocken
¹/₂ TL Salz
150 g kalte Butter
3 EL kaltes Wasser

Belag:

1,5 kg Lauch
2 Zwiebeln
100 g durchwachsener Speck
1 EL Butter
2 Becher saure Sahne
2 Eier
5 EL Kölln Instant-Flocken
¹/₂ TL Salz
Pfeffer aus der Mühle
Butter für die Form
2 EL kernige Haferflocken
2 EL Instant-Flocken

1. Für den Teig zunächst das Mehl mit den Instant-Flocken, dem Salz und dem kalten Fett zu einem glatten Teig verarbeiten. Nach und nach das Wasser dazugeben. Den Teig in Klarsichtfolie wickeln und für 60 Minuten im Kühlschrank ruhen lassen.
2. Inzwischen den Lauch putzen, waschen und in schmale Ringe schneiden.
3. Die Zwiebeln schälen und sehr fein hacken. Den Speck in kleine Würfel schneiden. Die Butter erhitzen und zunächst den Speck darin knusprig braten, dann herausnehmen. Anschließend die Zwiebeln und den Lauch dazugeben und etwa 10 Minuten dünsten.
4. Die saure Sahne mit den Eiern und den Instant-Flocken mischen, anschließend mit Salz und Pfeffer würzen.
5. Eine Springform (Durchmesser etwa 28 cm) einfetten und mit kernigen Haferflocken ausstreuen.
6. Den Teig auf einer bemehlten Fläche oder zwischen Klarsichtfolie dünn ausrollen und in die Form legen. Dabei einen etwa 2 cm hohen Rand formen. Den Teigboden mit Instant-Flocken bestreuen.
7. Auf den Teigboden zunächst den Lauch geben, darauf die Speckwürfel verteilen und zum Schluß mit der Eiersahne begießen.
8. Die Lauchtorte im vorgeheizten Backofen bei 200 Grad (Gas Stufe 3) 45 bis 50 Minuten backen und heiß servieren.
(Foto Seite 106/107)

Vollkornquiche mit Lauch, Zwiebeln und Kartoffeln

Für 4 Portionen

200 g Weizenvollkornmehl
100 g kalte Butter
1 Prise Salz
etwas eiskaltes Wasser
1 kleines Ei

Belag:

400 g gekochte Kartoffeln
100 g Lauch
200 g Zwiebeln
2 EL Olivenöl
400 ml süße Sahne
4 Eier
Salz
Pfeffer aus der Mühle
Muskatnuß, frisch gerieben
Butter für die Form
60 g geriebener Käse

1. Das Weizenvollkornmehl mit der kalten Butter, etwas Salz und Wasser sowie dem Ei zu einem glatten Teig verkneten. Anschließend in Klarsichtfolie wickeln und im Kühlschrank 60 Minuten ruhen lassen.
2. Inzwischen die geschälten Kartoffeln fein reiben oder durch die Kartoffelpresse drücken. Den Lauch putzen, sehr fein schneiden, waschen und gut abtropfen lassen. Die Zwiebeln schälen und sehr fein würfeln.
3. Das Öl in einem Topf erhitzen und sowohl den Lauch als auch die Zwiebeln darin weich schmoren. Anschließend die Kartoffelmasse dazugeben und abkühlen lassen.
4. Die Sahne mit den Eiern vermischen und anschließend mit Salz, Pfeffer und

Muskatnuß würzen. Das Gemüse mit der Eiersahne mischen.

5. Eine Springform (Durchmesser etwa 22 cm) mit der Butter gut einfetten. Den Teig auf einer bemehlten Arbeitsplatte oder zwischen Klarsichtfolie dünn ausrollen und in die Form legen, dabei einen 2 cm hohen Rand formen.

6. Den Teig mit einer Gabel öfter einstechen und im vorgeheizten Backofen bei 180 Grad (Gas Stufe 2) 10 Minuten vorbacken.

7. Nun die Füllung auf den vorgebackenen Teig legen und die Vollkornquiche bei 180 Grad weitere 25 bis 30 Minuten backen. Etwa 10 Minuten vor Backende mit dem Käse bestreuen. *(Foto Seite 108)*

Spargel-Brokkoli-Kuchen

Für 4 Portionen

130 g TK-Blätterteig
Butter für die Form
etwas Mehl

Belag:

300 g weißer Spargel
250 g Brokkoli
100 g Zucchini
1 Bund Frühlingszwiebeln
Salz
$\frac{1}{2}$ Bund Schnittlauch
1 Ei
1 Eigelb
50 ml süße Sahne
1 P. Thomy Sauce Hollandaise (200 ml)
40 g Greyerzer-Käse, gerieben
Pfeffer aus der Mühle
Muskatnuß, frisch gerieben

1. Den Blätterteig nach Packungsvorschrift auftauen lassen und anschließend zwischen Klarsichtfolie dünn ausrollen.

2. Eine Springform (Durchmesser 26 cm) mit der Butter einfetten und mit dem Mehl bestäuben. Anschließend den Teig in die Form legen und am Boden und Rand gut andrücken. Überlappenden Teig abschneiden und den Boden mit einer Gabel mehrmals einstechen.

3. Den Spargel großzügig schälen und in 3 cm dicke Stücke schneiden. Die Brokkoli in Röschen zer-

legen, putzen und waschen. Die Zucchini putzen und waschen, längs einmal halbieren und dann in Scheiben schneiden. Die Frühlingszwiebeln schälen und fein hacken.

4. Spargel, Brokkoli und Zucchini 4 Minuten in Salzwasser kochen, anschließend kalt abschrecken und gut abtropfen lassen.

5. Das Gemüse mit den gehackten Frühlingszwiebeln und dem feingeschnittenen Schnittlauch in einer Schüssel mischen.

6. In einem kleinen Gefäß das Ei mit dem Eigelb, der Sahne und 150 Milliliter Holländischer Sauce mischen. Anschließend den geriebenen Käse und das Gemüse dazugeben und alles mit Salz, Pfeffer und

geriebener Muskatnuß pikant abschmecken.

7. Die Füllung auf dem Blätterteigboden verteilen und im vorgeheizten Backofen bei 180 Grad (Gas Stufe 2) 45 bis 50 Minuten goldgelb backen.

8. Die restliche Holländische Sauce nach Packungsanweisung erhitzen und getrennt zu dem Spargel-Brokkoli-Kuchen servieren. *(Foto Seite 109)*

— DER GUTE TIP —

Dieser Gemüsekuchen kann auch in Portionsgröße zubereitet werden. Dazu brauchen Sie 4 Backförmchen mit einem Durchmesser von etwa 10 bis 12 cm.

(Foto Seite 110)

DER GUTE TIP

Gemüsekuchen eignen sich sehr gut für die Gästebewirtung. Stellen Sie am besten gleich die doppelte Menge Teig her und belegen Sie die Kuchen nach Geschmack mit verschiedenen Gemüsesorten, gemischt mit Käse, Schinken oder Braten. Dabei sind der Phantasie der Köche keine Grenzen gesetzt.

Kuchen mit Frühlingsgemüse

Für 4 Portionen

275 g Weizenmehl Type 405
125 g Butterschmalz
1 Prise Salz
60 ml Wasser

Belag:

250 g Möhren
1 Kohlrabi
2 Bund Frühlingszwiebeln
30 g Butterschmalz
$1/4$ l Instant-Gemüsebrühe
100 g gekochter Schinken
100 g geriebener Käse
125 g süße Sahne
Salz
Pfeffer aus der Mühle
Knoblauchpulver
Butterschmalz für die Form

1. Aus dem Mehl, dem Butterschmalz, Salz und Wasser einen glatten Teig kneten. Anschließend in Klarsichtfolie wickeln und für 60 Minuten in den Kühlschrank legen.
2. Das Gemüse schälen, putzen, waschen und kleinschneiden.
3. Das Butterschmalz erhitzen und das Gemüse darin 2 Minuten andünsten, dann die Gemüsebrühe dazugießen und alles 6 Minuten köcheln lassen, anschließend abgießen.
4. Den Schinken sehr fein würfeln und mit dem geriebenen Käse unter das Gemüse mischen.
5. Die Sahne mit Salz, Pfeffer und Knoblauchpulver würzen.
6. Den Teig auf einer bemehlten Arbeitsfläche oder zwischen Klarsichtfolie sehr dünn ausrollen. Eine Springform (Durchmesser 26 cm) mit Butterschmalz einfetten, den Teig hineinlegen und dabei einen etwa 2 cm hohen Rand formen. Überschüssigen Teig zusammenkneten und wieder kühl stellen.
7. Das abgekühlte Gemüse auf den Teigboden legen.
8. Den restlichen Teig dünn ausrollen und in dünne Streifen schneiden. Diese Streifen gitterförmig über den Belag legen. Dann die Sahne darübergießen. Den Gemüsekuchen im vorgeheizten Backofen bei 200 Grad (Gas Stufe 3) 40 bis 45 Minuten backen. Sollte die Oberfläche zu dunkel werden, sie mit Alufolie abdecken.

Zucchinitorte

Für 4 Portionen

250 g Weizenvollkornmehl
1 TL Backpulver
$1/2$ TL Salz
100 g Butterschmalz
1 Ei

Belag:

500 g Zucchini
4 Eier
200 g Crème fraîche
Pfeffer aus der Mühle
Muskatnuß, frisch gerieben
50 g Semmelbrösel
2 EL Butterschmalz
50 g geriebener Käse
Butterschmalz für die Form

1. Das Mehl mit dem Backpulver und dem Salz in einer Schüssel mischen. Anschließend das Butterschmalz und das Ei dazugeben und daraus einen glatten Teig herstellen. Den Teig in Klarsichtfolie wickeln

und 60 Minuten im Kühlschrank ruhen lassen.
2. Die Zucchini putzen, waschen und grob reiben. Anschließend mit 2 Eiern und der Cremè fraîche mischen. Den Belag mit Salz, Pfeffer und Muskat würzen.
3. Die Semmelbrösel in dem Butterschmalz goldgelb rösten und abkühlen lassen.
4. Den Teig auf einer bemehlten Arbeitsfläche oder zwischen Klarsichtfolie dünn ausrollen. Eine Springform (Durchmesser 26 cm) mit Butterschmalz einfetten und den Teig hineinlegen, dabei einen 2 cm hohen Rand formen.
5. Das Gemüse auf den Teigboden geben und im vorgeheizten Backofen bei 200 Grad (Gas Stufe 3) 40 Minuten backen.
6. Nun die gerösteten Semmelbrösel mit den restlichen Eiern und dem Käse mischen und auf der Torte verteilen. Weitere 10 Minuten backen.

Möhrentarte

Für 4 Portionen

250 g Weizenmehl Type 405
100 g Butter
25 g Schweineschmalz
1/2 TL Salz
1 kleines Ei
Eiswasser

Belag:

750 g Möhren
Salz
2 Bund Petersilie
100 g Schinkenwurst
oder gekochter Schinken
200 g Crème fraîche
125 g Gouda, gerieben
2 Eier
1 TL Speisestärke
1 TL Zitronensaft
Pfeffer aus der Mühle
Muskatnuß, frisch gerieben
Butter für die Form
2 EL gehackte Petersilie zum Garnieren

1. Das Mehl mit der Butter, dem Schmalz, dem Salz und dem kleinen Ei zu einem glatten Teig verkneten. Eventuell etwas Wasser dazugeben. Den Teig in Klarsichtfolie wickeln und im Kühlschrank 30 Minuten ruhen lassen.
2. Inzwischen die Möhren schälen und in dünne Scheiben hobeln. Anschließend in Salzwasser 10 Minuten bißfest garen, abgießen.
3. Die Petersilie waschen, trockenschleudern und sehr fein hacken. Die Möhren mit der Petersilie mischen.
4. Die Schinkenwurst in dünne Scheiben schneiden. Die Crème fraîche mit dem geriebenen Käse, den Eiern, der Speisestärke und dem Zitronensaft mischen. Anschließend mit Salz, Pfeffer und Muskatnuß würzen.
5. Den Teig auf einer bemehlten Arbeitsplatte oder zwischen Klarsichtfolie dünn ausrollen. Eine Springform (Durchmesser 26 cm) einfetten und den Teig hineinlegen, dabei einen 2 cm hohen Rand formen.
6. Die Wurstscheiben auf den Boden legen und anschließend das Gemüse darüber verteilen. Zum Schluß die Tarte mit der angerührten Crème fraîche begießen.
7. Die Möhrentarte im vorgeheizten Backofen bei 200 Grad (Gas Stufe 3) 45 bis 50 Minuten backen.
8. Vor dem Servieren mit der restlichen Petersilie bestreuen.
(Foto Seite 111)

Gerstenkuchen mit Paprika

Für 4 Portionen

5 EL Olivenöl
1 Zwiebel
2 rote Paprikaschoten
1 grüne Paprikaschote
200 g Gerste
$\frac{1}{2}$ l Instant-Gemüsebrühe
$\frac{1}{8}$ l Weißwein
2 Knoblauchzehen
Salz, Pfeffer aus der Mühle
2 P. Béchamelsauce
(Fertigprodukt)
80 g Emmentaler, gerieben
Semmelbrösel
1 Bund Schnittlauch
1 Bund Petersilie
Muskatnuß, frisch gerieben
3 Eier
Butter für die Form
1 gekochte Möhre
1 Tomate
6 Scheiben Salatgurke
4 Radieschen in Scheiben

1. Das Öl in einem Topf erhitzen. Die Zwiebel schälen und fein hacken. Die Paprikaschoten halbieren, die weißen Innenstege und die Kerne entfernen, anschließend würfeln. Das Gemüse in dem heißen Öl 5 Minuten dünsten.
2. Die Gerste waschen und anschließend mit der Brühe und dem Wein zum Gemüse geben.
3. Die Knoblauchzehen schälen und durch die Knoblauchpresse direkt zur Gerste drücken. Anschließend alles mit Salz und Pfeffer abschmecken und zuge-

deckt bei mittlerer Hitze 40 Minuten köcheln lassen.

4. Die restliche Kochflüssigkeit im geöffneten Topf auf höchster Stufe verdampfen lassen.

5. Die gegarte Gerste mit dem Gemüse im Topf abkühlen lassen.

6. Die Béchamelsauce mit dem Käse mischen und unter die Gerste rühren. Das Ganze mit einigen Semmelbröseln binden.

7. Die Kräuter waschen, trockenschleudern und sehr fein hacken. Anschließend zusammen mit dem Muskat zu der Gerste geben.

8. Die Eier trennen. Die Eigelbe unter den Teig rühren und die Eiweiße sehr steif schlagen. Zum Schluß unter den Teig heben.

9. Eine Kuchenform einfetten und den Teig einfüllen.

10. Den Gerstenkuchen im vorgeheizten Backofen bei 180 Grad (Gas Stufe 2) 40 bis 45 Minuten backen, dann herausnehmen und abkühlen lassen.

11. Die Möhre in Scheiben schneiden. Die Tomaten enthäuten und ebenfalls in Scheiben schneiden.

12. Den abgekühlten Gerstenkuchen mit den Möhren-, Gurken-, Tomaten- und Radieschenscheiben dekorieren.
(Foto Seite 112)

DER GUTE TIP

Servieren Sie dazu eine Remouladensauce oder würzigen Kräuterquark.

Gemüsetarte

Für 4 Portionen

250 g Weizenmehl Type 550
1/2 TL Salz
125 g kalte Butter
1 kleines Ei
1 TL Kräuter der Provence

Belag:

250 g frische Spinatblätter
250 g Salatblätter
1 TL Butter
2 Zwiebeln
1 Tasse gemischte Kräuter, gehackt
Knoblauchsalz
Muskatnuß, frisch gerieben
125 g Gouda, gerieben
2 Eier, 6 EL süße Sahne
Butter für die Form

1. Das Mehl in eine Schüssel sieben und anschließend mit dem Salz, den Butterflöckchen, dem Ei und den Kräutern zu einem glatten Teig verkneten. Den Teig in Klarsichtfolie wickeln und 30 Minuten kalt stellen.

2. Die Spinat- und Salatblätter waschen und trockenschleudern. Anschließend in feine Streifen schneiden und in der Butter mit 2 Eßlöffeln Wasser dünsten, bis sie zusammenfallen.

3. Die Zwiebeln schälen und sehr fein hacken. Dann mit den Kräutern mischen und zu den Gemüsestreifen geben. Die Füllung mit Knoblauchsalz und Muskatnuß würzig abschmecken.

4. Den geriebenen Käse mit den Eiern und der Sahne verrühren.

5. Den Teig zwischen Klarsichtfolie dünn ausrollen. Eine Springform (26 cm Durchmesser) einfetten und den Teig hineinlegen. Dabei einen etwa 2 cm hohen Rand formen.

6. Den Teigboden im vorgeheizten Backofen bei 200 Grad (Gas Stufe 3) 10 Minuten vorbacken.

7. Anschließend die Füllung daraufgeben und mit der Käsesahne übergießen. Die Tarte weitere 25 bis 30 Minuten backen.
(Foto Seite 113)

Paprikaquiche

Für 4 Portionen

200 g Weizenmehl Type 550
50 g gemahlene Haselnüsse
125 g kalte Butter
1/2 TL Salz, 1 Ei

Belag:

200 g Zwiebeln
4 EL Butterschmalz
100 g durchwachsener Speck
3 rote Paprikaschoten
150 g süße Sahne, 2 Eier
200 g Gouda, gerieben
3 EL gemischte Kräuter
Kräutersalz
Pfeffer aus der Mühle
Butter für die Form

1. Das Mehl in eine Schüssel sieben und zusammen mit den geriebenen Haselnüssen, den kalten Butterflöckchen, Salz und dem Ei zu einem glatten Teig verkneten. Anschließend in Klarsichtfolie wickeln und 60 Minuten kühl stellen.
2. Die Zwiebeln schälen und grob würfeln. Das Butterschmalz in einem Topf erhitzen. Den Speck fein würfeln und in dem heißen Butterschmalz knusprig braten, herausnehmen. Anschließend die Zwiebeln 3 Minuten in dem Butterschmalz schmoren.
3. Die Paprikaschoten putzen, waschen und in dünne Streifen schneiden. An-schließend mit den Zwiebeln 10 Minuten schmoren.
4. Die süße Sahne mit den Eiern, dem geriebenen Käse, etwas Kräutersalz und Pfeffer mischen. Eine runde Form (Durchmesser 26 cm) einfetten. Den Teig dünn ausrollen und in die Form legen. Dabei einen etwa 2 cm hohen Rand formen.
5. Den Teig im vorgeheizten Backofen bei 200 Grad (Gas Stufe 3) 10 Minuten vorbacken.
6. Das Gemüse auf dem Teigboden verteilen. Die Speckwürfel darüberstreuen und dann mit der Sahne begießen. Bei 200 Grad weitere 25 bis 30 Minuten backen.
(Foto Seite 114)

— DER GUTE TIP —

Der Teigboden weicht nicht durch, wenn er 10 Minuten vorgebacken wird. Er wird besonders gleichmäßig, wenn Sie den ausgerollten Teig in der Form mit etwas Alufolie belegen und mit 250 Gramm getrockneten Erbsen, Bohnen oder Linsen bestreuen. Die Hülsenfrüchte können Sie immer wieder zum Blindbacken verwenden.

Gedeckter Spinatkuchen

Für 4 Portionen

500 g Weizenmehl Type 405
1/2 Würfel Hefe
1 TL Zucker
etwa 1/4 l lauwarmes Wasser
1/2 TL Salz
2 EL Öl

Füllung:

1 kg Spinat, 1 TL Salz
200 g Zwiebeln
10 schwarze Oliven
4 EL Olivenöl
2 Knoblauchzehen, gehackt
80 g Pinienkerne, gehackt
Pfeffer aus der Mühle
1 Ei
4 EL Milch

1. Das Mehl in eine Schüssel sieben. Die Hefe mit dem Zucker in dem lauwarmen Wasser auflösen, anschließend das Salz und das Öl dazugeben und diese Flüssigkeit mit dem Mehl zu einem glatten Teig verkneten. Den Teig 30 Minuten an einem warmen Ort gehen lassen.
2. Den Spinat putzen, waschen und gut abtropfen lassen. Dann in Salzwasser 2 Minuten kochen, abgießen und sehr gut ausdrücken.
3. Die Zwiebeln schälen und fein hacken. Die Oliven entsteinen und würfeln. Das Olivenöl erhitzen und die Zwiebeln darin weich schmoren, anschließend die Oliven, die Knoblauchzehen und die Pinienkerne dazugeben. Alles mit dem Spinat mischen. Dann mit Salz und Pfeffer würzen.
4. Den Teig halbieren und dünn ausrollen. Dann auf ein mit Backpapier ausgelegtes halbes Backblech legen. Darauf den Spinat streichen. Den restlichen Hefeteig ebenfalls dünn ausrollen und auf die Füllung legen.
5. Das Ei mit der Milch verrühren und die obere Teigplatte damit bestreichen.
6. Den gedeckten Spinatkuchen im vorgeheizten Backofen bei 180 Grad (Gas Stufe 2) 30 bis 35 Minuten backen.

Tomaten-Zwiebel-Kuchen

Für 4 Portionen

400 g Weizenmehl Type 550
1 Eigelb
2 Eier, 1 TL Salz
180 g weiches Butterschmalz (z.B. Butaris)
3–4 EL eiskaltes Wasser

Belag:

200 g Zwiebeln
2 EL Butterschmalz
600 g gleichmäßig große Tomaten
3 Eier
100 g Butterkäse, gerieben
200 g Crème fraîche
3 EL heller Saucenbinder
Salz
Pfeffer aus der Mühle
Butter für die Form

1. Das Mehl in eine Schüssel sieben und mit dem Eigelb, den Eiern, dem Salz, dem weichen Butterschmalz und etwas Wasser zu einem glatten Teig verkneten. Anschließend den Teig in Klarsichtfolie wickeln und 60 Minuten kühl stellen.
2. Die Zwiebeln schälen und in dünne Ringe schneiden. Dann in dem heißen Butterschmalz weich schmoren.
3. Die Tomaten einritzen und kurz in kochendes Wasser tauchen. Dann die Haut abziehen.
4. Die Eier mit 25 Gramm Käse, der Crème fraîche und dem Saucenbinder verrühren, anschließend mit Salz und Pfeffer würzen.
5. Den Teig zwischen Klarsichtfolie dünn ausrollen. Eine runde Backform (Durchmesser 30 cm) einfetter und den Teig hineinlegen, dabei einen 3 cm hohen Rand formen.
6. 25 Gramm Käse und die geschmorten Zwiebeln auf dem Teigboden verteilen. Dann die Tomaten daraufsetzen und die Zwischenräume mit der Sahne ausfüllen.
7. Den Tomaten-Zwiebel-Kuchen im vorgeheizten Backofen bei 200 Grad (Gas Stufe 3) 40 bis 5 Minuten backen.
8. 10 Minuten vor Backende den restlichen Butterkäse über die Tomaten streuen.
(Foto Seite 115)

4. Den Schinken fein würfeln, die geschälte Knoblauchzehe fein hacken. Die Auberginenwürfel mit dem Schinken und dem Knoblauch mischen.
5. Die Eigelbe mit der Brühe, der Sahne und dem Tomatenketchup mischen. Anschließend mit Salz und Muskatnuß würzen.
6. Die Eiweiße sehr steif schlagen und unter die Eigelbmasse ziehen.
7. Den Teig zwischen Klarsichtfolie dünn ausrollen. Eine runde Form (Durchmesser 26 cm) einfetten und den Teig einfüllen, dabei einen 2 cm hohen Rand formen. Die Auberginen auf dem Teig verteilen und den Guß darübergeben.
8. Die Tarte im vorgeheizten Backofen bei 200 Grad (Gas Stufe 3) 40 bis 45 Minuten backen.
9. Die Auberginentarte mit Ei- und Olivenscheiben garnieren und zum Schluß mit etwas Petersilie bestreuen. *(Foto Seite 116)*

Auberginentarte

Für 4 Portionen

250 g Weizenmehl Type 405
1/2 TL Salz
125 g Butter
1 Ei

Belag:

600 g Auberginen
1 TL Salz
3–5 EL Olivenöl
150 g roher Schinken
1 Knoblauchzehe
6 Eigelb

1/8 l Instant-Gemüsebrühe
100 g süße Sahne
4 EL Tomatenketchup
Salz
Muskatnuß, frisch gerieben
6 Eiweiß
Butter für die Form
1 hartgekochtes Ei
3 gefüllte Oliven
etwas gehackte Petersilie

1. Das Mehl in eine Schüssel sieben und mit dem Salz, den Butterflöckchen und dem Ei zu einem glatten Teig verkneten. Den Teig in Klarsichtfolie wickeln und mindestens 30 Minuten kühl stellen.
2. Die geputzten und gewaschenen Auberginen in nicht zu dünne Scheiben schneiden und auf beiden Seiten mit dem Salz bestreuen. Nach 20 Minuten die Auberginenscheiben abwaschen und mit Küchenpapier trockentupfen.
3. Die Auberginenscheiben nach und nach in heißem Olivenöl auf beiden Seite 6 Minuten braten, beiseite legen und in grobe Würfel schneiden.

Champignonpie

Für 4 Portionen

400 g Weizenmehl Type 405 oder Type 1050
175 g Butter
knapp 1/8 l Milch
1 Ei
1 Eiweiß
1/2 TL Salz
1 Prise Zucker
Butter für die Form

Füllung:

125 g durchwachsener Speck
oder gekochter Schinken
2 Zwiebeln
1 kg Champignons
2 EL Mehl
150 g Crème fraîche
2 Eier
Salz
Pfeffer aus der Mühle
1 Bund Petersilie
1 Eigelb
2 EL Milch

1. Das Mehl in eine Schüssel sieben und die Butter in Flöckchen, die Milch, das Ei, das Eiweiß, Salz und Zucker dazugeben und alles zu einem glatten Teig verkneten. Den Teig in Klarsichtfolie wickeln und mindestens 30 Minuten kühl stellen.

2. Den Teig halbieren und die eine Hälfte zwischen Klarsichtfolie dünn ausrollen. Eine Springform (Durchmesser 26 cm) mit der Butter einfetten und den Teig hineinlegen, dabei einen 3 cm hohen Rand formen.

3. Den Speck fein würfeln und in einer Pfanne auslassen. Die Zwiebeln schälen und sehr fein hacken, zusammen mit dem Speck dünsten.

4. Die Champignons putzen, mit einem feuchten Tuch abreiben und in nicht zu dünne Scheiben schneiden. Die Pilze zu dem Speck-Zwiebel-Gemisch geben und bei hoher Temperatur einige Minuten schmoren. Dabei muß die Pilzflüssigkeit fast vollständig verdunsten.

5. Nun das Mehl darüberstäuben und die Pilze abkühlen lassen.

6. Die Crème fraîche mit den Eiern verquirlen und mit Salz und Pfeffer würzen, dann über die Champignons gießen. Die Petersilie waschen, trockenschleudern und sehr fein hacken, unter die Masse geben.

7. Die Füllung auf dem Teig verteilen.

8. Den restlichen Teig dünn ausrollen und über die Pie legen, dabei soll der Rand etwas überstehen. Den restlichen Teig dünn ausrollen und Pilze oder Blätter ausstechen. Das Eigelb mit der Milch verrühren und die Verzierungen damit auf der Pie-oberfläche festkleben. Die obere Teigplatte in der Mitte kreuzweise einschneiden und die so entstandenen Dreiecke zurückklappen, so daß die Füllung zu sehen ist.

9. Nun die Teigoberfläche und die Verzierungen mit dem restlichen Eigelb bestreichen und die Pie im vorgeheizten Backofen bei 200 Grad (Gas Stufe 3) 40 bis 45 Minuten backen.
(Foto Seite 4/5: oben)

Chilitarte

Für 4 Portionen

250 g Weizenvollkornmehl
1/2 TL Salz
125 g kalte Butter
1 kleines Ei
Butter für die Form

Belag:

3 EL Olivenöl
400 g Tatar
1 Knoblauchzehe
2 Zwiebeln
1 grüne Paprikaschote
3 - 4 Chilischoten
Salz
Pfeffer aus der Mühle
1 TL Oregano, getrocknet
100 g Gouda, gerieben
125 g Bacon (dänischer
Frühstücksspeck)
4 EL Parmesan
3 EL Olivenöl

1. Das Mehl mit dem Salz in einer Schüssel mischen, die kalte Butter in Flöckchen und das Ei hinzufügen und alles rasch zu einem glatten Teig verkneten.

2. Den Teig zu einer Kugel formen, in Klarsichtfolie wickeln und mindestens 30 Minuten kühl stellen.

3. Eine runde Backform (Durchmesser 28 cm) einfetten. Den gekühlten Teig auf einer bemehlten Arbeitsplatte oder zwischen Klarsichtfolie dünn ausrollen und in die Form legen. Dabei einen 2 cm hohen Rand formen. Den Boden im vorgeheizten Backofen bei 200 Grad (Gas Stufe 3) 10 Minuten vorbacken.

4. Für den Belag das Olivenöl in einem Topf erhitzen und das Hackfleisch darin scharf anbraten.

5. Den Knoblauch und die Zwiebeln schälen und fein hacken. Die Paprikaschote putzen, waschen und klein würfeln.

6. Das zerkleinerte Gemüse zum Hackfleisch geben und unter Rühren 8 Minuten schmoren. Eventuell etwas Wasser hinzufügen.

7. Die Chilischoten waschen und in sehr dünne Ringe schneiden. Dann mit Salz, Pfeffer und Oregano zum Hackfleisch geben und alles mischen.

8. Den Belag auf den vorgebackenen Teig geben und glattstreichen, anschließend mit dem Gouda bestreuen und die Baconscheiben darüberlegen.

9. Die Tarte weitere 15 Minuten backen. Nun den Parmesan über den Speck streuen und mit dem Olivenöl beträufeln. Weitere 5 bis 10 Minuten backen und heiß servieren.

DER GUTE TIP

Probieren Sie auch einmal den folgenden Belag für eine Tarte aus Vollkornmehl: 3 Fenchelknollen in dünne Scheiben schneiden, in wenig Salzwasser 5 Minuten garen, dann abgießen. Das Fenchelgemüse mit 300 g gekochten Schinkenwürfeln, 200 g Apfelwürfeln und 100 g Pinienkernen mischen. Auf den vorgebackenen Boden streichen und mit einem Guß aus 125 g süßer Sahne und 125 g geriebenem Käse begießen.

Spinattorte mit roten Linsen

Für 4 Portionen

300 g Weizenmehl
Type 405
1 TL Backpulver
1 Ei
150 g Butter
oder Margarine
½ TL Salz
Muskatnuß, frisch gerieben
1 Prise Kardamom
Butter für die Form

Belag:

200 g Zwiebeln
3 EL Olivenöl
200 g rote Linsen
500 g Blattspinat
oder Mangold
1 Knoblauchzehe
3 Eier
150 g süße Sahne
2 EL Sesam

1. Das Mehl in eine Schüssel sieben, anschließend das Backpulver, dann das Ei, die Butter in Flöckchen sowie die Gewürze dazugeben und zu einem glatten Teig verkneten. Den Teig in Klarsichtfolie wickeln und 60 Minuten kühl stellen.
2. Den Teig zwischen Klarsichtfolie ausrollen. Eine runde Backform (Durchmesser 30 cm) mit der Butter einfetten und den Teig hineinlegen, dabei einen 2 cm hohen Rand formen.
3. Die Zwiebeln schälen und sehr fein würfeln. Anschließend in dem heißen Olivenöl weich schmoren. Dann die gewaschenen und noch feuchten Linsen dazugeben. Die Linsen kurz schmoren, dann 2 Tassen Wasser dazugeben und 8 Minuten köcheln lassen.
4. Den Spinat putzen, waschen und gut abtropfen lassen, dann zu den Linsen geben und mischen. Die Knoblauchzehe schälen und zum Spinat drücken. Die Füllung mit Salz würzen.
5. Die Eier mit der Sahne mischen.
6. Den Teig im vorgeheizten Backofen bei 200 Grad (Gas Stufe 3) 10 Minuten vorbacken.
7. Dann die Füllung darauf verteilen, mit dem Guß begießen und zum Schluß mit den Sesamen bestreuen.
8. Die Spinat-Linsen-Torte anschließend weitere 20 bis 25 Minuten backen.
(Foto Seite 118)

Rosenkohltarte

Für 4 Portionen

250 g Weizenvollkornmehl
½ TL Salz
125 g Butter
1 Ei
Muskatnuß, frisch gerieben
Butter für die Form

Belag:

600 g Rosenkohl
Salz
Pfeffer aus der Mühle
2 Zwiebeln
3 EL Butter
2 Eier
150 g kleine Champignons
100 g Gouda, gerieben

1. Das Mehl mit dem Salz, den Butterflöckchen, dem Ei und etwas frisch geriebener Muskatnuß mischen und zu einem glatten Teig verkneten. Den Teig in Klarsichtfolie wickeln und 60 Minuten im Kühlschrank ruhen lassen.
2. Den Rosenkohl putzen, waschen und je nach Größe halbieren. Anschließend in wenig Salzwasser 10 Minuten garen. Den Rosenkohl abgießen und mit Salz und Pfeffer würzen.
3. Die gehackten Zwiebeln in der Butter weich dünsten und mit dem Rosenkohl mischen.
4. Die Eier zu einem dickflüssigen Schaum schlagen und mit Salz und Pfeffer würzen.
5. Die Champignons putzen, waschen und trockentupfen. Den Rosenkohl mit den Champignons und 2 Eßlöffeln geriebenem Käse mischen.
6. Den Teig zwischen Klarsichtfolie dünn ausrollen. Eine runde Backform (Durchmesser 26 cm) einfetten und den Teig hineinlegen, dabei einen 2 cm hohen Rand formen. Den Rosenkohl mit den Champignons auf dem Teig verteilen und im vorgeheizten Backofen bei 200 Grad (Gas Stufe 3) 15 Minuten vorbacken. Dann die Eier darübergießen und mit dem Käse bestreuen. Die Tarte weitere 15 bis 20 Minuten backen.

Frischkäsetorte

Für 4 Portionen

150 g Weizenvollkornmehl
½ TL Salz, 1 Ei
2 EL saure Sahne
80 g kalte Butter

Belag:

200 g Kräuterfrischkäse
200 g Magerquark
2 Eigelb
1 TL Dill, gehackt
Pfeffer aus der Mühle
Salz, 2 Eiweiß
Butter für die Form
6 Blätter Basilikum

1. Das Mehl mit dem Salz, dem Ei, der sauren Sahne und der Butter in einer Schüssel zu einem glatten Teig verkneten. Anschließend in Klarsichtfolie wickeln und kühl stellen.

2. Den Frischkäse mit dem Quark, den Eigelben und dem Dill mischen, dann mit Pfeffer und Salz würzen.

3. Die Eiweiße sehr steif schlagen und unter die Frischkäsemasse heben.

4. Den Teig zwischen Klarsichtfolie dünn ausrollen. Eine runde Backform (24 cm Durchmesser) einfetten und den Teig hineinlegen.

5. Den Teig im vorgeheizten Backofen bei 200 Grad (Gas Stufe 3) 10 Minuten vorbacken.

6. Dann die Füllung darauf verteilen und mit Basilikumstreifen bestreuen. Die Torte 20 bis 25 Minuten backen. *(Foto Seite 119)*

Zwiebelkuchen

Für 4 Portionen

200 g Weizenmehl Type 550
15 g Hefe
$\frac{1}{2}$ TL Zucker
$\frac{1}{8}$ l lauwarme Milch
75 g Blütenzarte Köllnflocken
80 g Butter
1 Ei
$\frac{1}{2}$ TL Salz
etwas Mehl zum Bearbeiten

Belag:

600 g Zwiebeln
4 EL Butter
150 g durchwachsener Speck
2 Eier
125 g saure Sahne
Salz
Pfeffer aus der Mühle
Paprikapulver
3 EL Blütenzarte Köllnflocken

1. Das Mehl in eine Schüssel sieben und mit dem Löffel in die Mitte eine Mulde drücken. Die Hefe in die Mulde bröckeln und mit dem Zucker bestreuen. Nun die Hefe mit ein wenig Mehl vom Rand und etwas lauwarmer Milch zu einem Brei verrühren. Die Schüssel mit einem Küchentuch abdecken und an einem warmen Ort 15 Minuten ruhen lassen.

2. Das aufgegangene Hefestück mit etwas Mehl bestäuben, dann die restliche Milch, die Blütenzarten Haferflocken sowie die weiche Butter, das Ei und das Salz hinzufügen und alles zu einem glatten und geschmeidigen Teig verkneten, der nicht mehr am Schüsselrand klebt.

3. Die Schüssel mit etwas Mehl bestäuben und den Teig hineinlegen. Mit einem Küchentuch abdecken und an einem warmen Ort 30 Minuten gehen lassen.

4. Den gegangenen Teig noch einmal kurz durchkneten und dann zwischen Klarsichtfolie oder auf einer bemehlten Arbeitsfläche dünn ausrollen.

5. Eine runde Backform (Durchmesser 28 cm) mit Butter einfetten und den Teig hineinlegen, dabei einen 3 cm hohen Rand formen. Die Kuchenform abdecken und den Teig noch einmal 15 Minuten gehen lassen.

6. In der Zwischenzeit die Zwiebeln schälen und in feine Ringe schneiden. Die Butter in einem Topf erhitzen und die Zwiebeln darin knapp weich schmoren.

7. Den Schinkenspeck sehr fein würfeln und in einer Pfanne knusprig braten. Anschließend mit den Zwiebeln mischen. Die Füllung mit Salz und Pfeffer würzen.

8. Die Eier mit der sauren Sahne verquirlen, anschließend mit Salz, Pfeffer und Paprikapulver würzen.

9. 2 Eßlöffel Blütenzarte Köllnflocken auf dem Teigboden verteilen, den restlichen Löffel Haferflocken mit den Zwiebeln mischen. Die Zwiebelmasse auf dem Teigboden verteilen und mit der Eiersahne begießen.

10. Den Zwiebelkuchen im vorgeheizten Backofen bei 220 Grad (Gas Stufe 4) 10 Minuten backen. Anschließend die Temperatur auf 240 Grad (Gas Stufe 5) erhöhen und den Kuchen weitere 15 bis 20 Minuten backen.
(Foto Seite 120)

Chinakohltorte

Für 4 Portionen

250 g Magerquark
5 EL Öl
5 EL Milch
$^1/_2$ TL Salz
200 g Weizenmehl Type 405
$^1/_2$ P. Backpulver
Butter für die Form

Belag:

400 g Frischkäse
80 g Blauschimmelkäse
3 EL gehackte Kräuter
80 g saure Sahne
1 Ei
$^1/_2$ TL Salz
Pfeffer aus der Mühle
$^1/_2$ l Fleischbrühe
8 große Chinakohlblätter
4 Scheiben Gouda
4 Scheiben gekochter Schinken
eine große Tomate

1. Den Quark in ein Sieb
geben und 60 Minuten
abtropfen lassen. Dann in
eine Schüssel legen und mit
dem Öl, der Milch und dem
Salz verrühren. Das Mehl
mit dem Backpulver
mischen und über den
Quark sieben. Anschließend
alle Zutaten zu einem glatten Teig verkneten.
2. Den Teig zwischen Klarsichtfolie oder auf einer
bemehlten Arbeitsplatte
ausrollen. Eine runde
Kuchenform (Durchmesser
26 bis 28 cm) einfetten und
den Teig hineinlegen, dabei
einen 2 bis 3 cm hohen
Rand formen.
3. Den Teig im vorgeheizten Backofen bei 200 Grad
(Gas Stufe 3) 10 Minuten
vorbacken.

4. Den Frischkäse mit dem
Blauschimmelkäse, den
gehackten Kräutern, der
Sahne und dem Ei glatt-
rühren. Anschließend mit
Salz und Pfeffer würzen.
Diese Creme auf den vorgebackenen Teig streichen.
5. Die Fleischbrühe erhitzen und die Chinakohlblätter
darin 3 Minuten kochen.
Dann herausnehmen und
gut abtropfen lassen.
6. Je 2 Chinakohlblätter
übereinanderlegen und mit
je einer Scheibe Käse und
einer Scheibe Schinken
belegen und dann fest aufrollen.
7. Die Chinakohlrollen in 3
cm dicke Scheiben schnei-
den und diese auf die Käsemasse legen. Die Tomate in
dünne Scheiben schneiden
und auf die Chinakohltorte
setzen. Anschließend im
vorgeheizten Backofen 20
bis 25 Minuten fertig
backen.
(Foto Seite 121)

Quiche Lorraine

Für 4 Portionen

400 g Weizenmehl Type 405
3 Eigelb
3–4 EL eiskaltes Wasser
1 TL Salz
180 g Butterschmalz

Belag:
200 g Schinkenspeck
250 g Emmentaler, gerieben
3 Eier, 100 g süße Sahne
Salz
weißer Pfeffer aus der Mühle
Butterschmalz für die Form

1. Das Mehl in eine Schüssel sieben und zusammen mit den Eigelben, dem eiskalten Wasser, Salz und dem Butterschmalz einen glatten Teig herstellen. Den Teig in Klarsichtfolie wickeln und 60 Minuten kühl stellen.
2. Den Schinkenspeck sehr fein würfeln und in einer Pfanne 5 Minuten braten.
3. Den Käse fein reiben und mit dem Schinkenspeck mischen.
4. Die Eier mit der Sahne verquirlen und anschließend mit Salz und weißem Pfeffer würzen.
5. Den Teig zwischen Klarsichtfolie dünn ausrollen. Eine runde Kuchenform (Durchmesser 30 cm) mit Butterschmalz einfetten und den Teig hineinlegen, dabei einen 2 cm hohen Rand formen.
6. Den Teig im vorgeheizten Backofen bei 200 Grad (Gas Stufe 3) 10 Minuten vorbacken.
7. Anschließend den Käse mit den Speckwürfeln auf dem vorgebackenen Teig verteilen und die Eiersahne darübergießen.
8. Die Quiche Lorraine in 20 bis 25 Minuten fertig backen.
(Foto Seite 122)

Elsässer Krauttarte

Für 4 Portionen

400 g Weizenmehl Type 550
1 P. Trockenhefe
1¹/₂ TL Salz
1 EL Zucker
100 g Butter
1 Tasse lauwarme Milch
2 EL Öl
Butter für die Form

Belag:
200 g durchwachsener Speck
3 Zwiebeln
650 g Faßsauerkraut
1 TL Kümmel, Salz
Pfeffer aus der Mühle
150 g süße Sahne, 2 Eier
4 EL geriebener Käse

1. Das Mehl in eine Schüssel sieben. Die Hefe, Salz und Zucker dazugeben und in Flöckchen die Butter daraufsetzen. Alles zu Bröseln verarbeiten.
2. Die lauwarme Milch und das Öl über die Brösel gießen und alles zu einem glatten Teig verkneten. Den Teig in der Schüssel abdecken und 30 Minuten gehen lassen.
3. Den Teig zwischen Klarsichtfolie dünn ausrollen. Eine runde Kuchenform (Durchmesser 30 cm) einfetten und mit dem Teig auslegen, dabei einen 3 cm hohen Rand formen.
4. Den Speck sehr fein würfeln, die Zwiebeln schälen und ebenfalls in kleine Würfel schneiden. Zunächst den Speck in einer heißen Pfanne auslassen, dann die Zwiebeln dazugeben und 5 Minuten schmoren. Das Sauerkraut daruntermischen und mit Kümmel, Salz und Pfeffer würzen.
5. Die Sahne mit den Eiern verquirlen. Das Sauerkraut auf dem Teigboden verteilen und die Sahne darübergießen. Zum Schluß mit dem Käse bestreuen. Den Krautkuchen bei 180 Grad (Gas Stufe 2) 30 bis 35 Minuten backen.

Blätterteigtorte mit Schafskäse

Für 4 Portionen

300 g TK-Blätterteig

Füllung:

500 g Schafskäse (Feta)
40 g Butter
40 g Mehl
$\frac{1}{8}$ l Weißwein
$\frac{1}{4}$ l Milch
6 Eier
1 Bund Dill, fein gehackt
2 Knoblauchzehen, gehackt
Salz, Pfeffer aus der Mühle
Muskatnuß, frisch gerieben
Butter für die Form
2 Eigelb

1. Den Blätterteig antauen lassen und je 2 Scheiben übereinander auf die Größe einer Backform (Durchmesser 26 cm) ausrollen.
2. Den Schafskäse mit einer Gabel zerdrücken.
3. Die Butter erhitzen und das Mehl darin anschwitzen. Anschließend den heißen Wein und die heiße Milch dazugießen. Leicht abkühlen lassen und anschließend mit dem Käse, den Eiern, dem Dill und den Knoblauchzehen mischen. Die Füllung mit Salz, Pfeffer und Muskatnuß würzen.
4. Die runde Backform mit Butter einfetten und abwechselnd die Blätterteigböden und die Käsesauce einschichten. Die Eigelbe mit etwas Wasser verrühren und die oberste Teigplatte damit bestreichen.

5. Die Blätterteigtorte im vorgeheizten Backofen bei 200 Grad (Gas Stufe 3) 30 bis 40 Minuten backen.

Elsässer Flammkuchen

Für 4 – 6 Portionen

2 P. Mondamin Fix-Teig für Pizza und Gemüsekuchen
$\frac{1}{4}$ l lauwarmes Wasser

Belag:

4 Zwiebeln
3 EL Maiskeimöl
200 g durchwachsener Speck
250 g Crème fraîche
250 g Magerquark
Salz, Pfeffer aus der Mühle

1. Den Teig nach Packungsvorschrift mit dem Wasser zubereiten. Dann zwischen Klarsichtfolie oder auf einer bemehlten Arbeitsfläche auf Backblechgröße ausrollen. Ein Backblech mit Backpapier belegen und den Teig darauflegen. Anschließend 30 bis 35 Minuten abgedeckt an einem warmen Ort ruhen lassen.
2. Inzwischen die geschälten Zwiebeln in Ringe schneiden und in dem heißen Öl weich schmoren. Die Zwiebeln auf dem Teigboden verteilen.
3. Den Speck sehr fein würfeln und in einer Pfanne 5 Minuten kräftig braten. Anschließend über die Zwiebeln streuen.
4. Die Crème fraîche mit dem Magerquark verrühren und mit Salz und Pfeffer würzen. Diesen Guß über die Zwiebeln gießen und glattstreichen.
5. Den Flammkuchen im vorgeheizten Backofen bei 200 Grad (Gas Stufe 3) 30 bis 35 Minuten backen.
(Foto Seite 123)

Hafer-Käse-Kuchen

Für 4 Portionen

125 g Weizennmehl Type 405
75 g Kölln Instant-Flocken
1/2 TL Backpulver
1 Prise Salz
120 g Butter
1 Ei
Butter für die Form

Belag:

250 g gekochter Schinken
250 g Gouda
250 g Champignons
2 Zwiebeln
2 Eier
125 g süße Sahne
125 g saure Sahne
Salz, Pfeffer aus der Mühle
40 g Kölln Instant-Flocken
50 g Butter

1. Das Mehl in eine Schüssel sieben und mit den Haferflocken, Backpulver und Salz mischen. Anschließend in Flöckchen die Butter und das ganze Ei dazugeben, alles zu einem glatten Teig verkneten und in Klarsichtfolie wickeln. Den Teig 30 Minuten kühl stellen.
2. Eine Springform (Durchmesser 26 cm) einfetten. Den Teig zwischen Klarsichtfolie oder auf einer bemehlten Arbeitsfläche dünn ausrollen und in die Form legen. Dabei einen etwa 3 cm hohen Rand formen.
3. Den Teig im vorgeheizten Backofen bei 200 Grad (Gas Stufe 3) 10 Minuten vorbacken.

4. Den gekochten Schinken und den Käse sehr fein würfeln. Die Champignons mit einem feuchten Tuch abreiben und anschließend in dünne Scheiben schneiden. Die Zwiebeln schälen und sehr fein hacken. Den Schinken mit dem Käse und den Pilzen und den Zwiebelwürfeln mischen. Anschließend auf dem vorgebackenen Teig verteilen.
5. Die Eier mit der Sahne verrühren, mit Salz und Pfeffer würzen und dann die Haferflocken dazugeben. Die Eiersahne über den Belag gießen und alles mit Butterflöckchen belegen.
6. Den Käsekuchen bei 220 Grad (Gas Stufe 4) weitere 30 bis 35 Minuten backen.
(Foto Seite 124/125)

Quarkkuchen mit Salami

Für 4 Portionen

1 Bund Frühlingszwiebeln
2 kleine Zucchini
100 g weiche Butter
4 Eier
1 kg Magerquark
70 g Weizengrieß
150 g feste Salami
1 Bund Basilikum
Salz
Pfeffer aus der Mühle
Butter für die Form

1. Die Frühlingszwiebeln putzen und in feine Ringe schneiden. Die Zucchini

waschen, trockentupfen und klein würfeln.

2. 1 Eßlöffel Butter in einer Pfanne erhitzen und das Gemüse darin 5 Minuten schmoren.

3. Die restliche Butter schaumig rühren und nach und nach die Eier, den Quark und den Grieß darunterrühren.

4. Die Salami in kleine Würfel schneiden. Das Basilikum waschen, trockentupfen und die Blätter in feine Streifen schneiden. Die Salami, das Gemüse und Basilikumstreifen unter die Quarkmasse rühren. Alles mit Salz und Pfeffer würzen.

5. Eine Springform (Durchmesser 26 cm) mit Butter einfetten und die Quarkmasse hineinfüllen. Den Kuchen im vorgeheizten Backofen bei 180 Grad (Gas Stufe 2) 60 bis 65 Minuten backen.

Brotzeittorte

Für 4 – 6 Portionen

500 g feines Bratwurstbrät
1 Knoblauchzehe, gehackt
2 Eier
2 EL Semmelbrösel
Salz
Pfeffer aus der Mühle
1 Bund Petersilie, gehackt
Butter für die Form
125 g durchwachsener Speck
2 EL Butter
2 Zwiebeln
1 Stange Lauch
2 rote Paprikaschoten
1 EL Thymian, getrocknet
200 g saure Sahne

2 Eier
125 g Emmentaler, gerieben
1 EL scharfer Senf
1 Bund Schnittlauch, in Röllchen

1. Das Brät mit der gehackten Knoblauchzehe, den Eiern und den Semmelbröseln glattrühren. Die Masse mit Salz und Pfeffer würzen. Anschließend die Petersilie darunterziehen. Eine Springform (Durchmesser 26 cm) mit der Butter einfetten.

2. Das gewürzte Brät gleichmäßig in die Springform streichen.

3. Den Speck sehr fein würfeln und in der heißen Butter anschwitzen. Die Zwiebeln schälen und ebenfalls in Würfel schneiden, zusammen mit dem Speck 5 Minuten schmoren.

4. Den Lauch putzen, waschen und in dünne Ringe schneiden. Die Paprikaschoten ebenfalls putzen, waschen und in Streifen schneiden. Beides zu den Zwiebeln in die Pfanne geben und weitere 10 Minuten schmoren lassen. Anschließend mit dem Thymian, Salz und Pfeffer würzen. Das Gemüse auf der Bratwurstmasse verteilen.

5. Die saure Sahne mit den Eiern, dem geriebenen Käse, dem Senf und den Schnittlauchröllchen mischen und über das Gemüse gießen.

6. Die Brotzeittorte im vorgeheizten Backofen bei 180 Grad (Gas Stufe 2) 40 bis 45 Minuten backen.

Blätterteig-Zwiebel-Torte

Für 4 Portionen

300 g TK-Blätterteig

Belag:

200 g rohes Kasseler
2 EL Öl
800 g Zwiebeln
1 Bund Schnittlauch, in Röllchen
1 Bund Petersilie, gehackt
250 g Crème fraîche
5 EL geriebener Käse
4 Eier
Salz
Pfeffer aus der Mühle
Muskatnuß, frisch gerieben

1. Den Blätterteig auftauen lassen. Dann zwischen Klarsichtfolie oder auf einer bemehlten Arbeitsplatte dünn ausrollen.
2. Das Kasseler sehr fein würfeln und anschließend in dem heißen Öl 3 Minuten schmoren.
3. Die Zwiebeln schälen und in sehr dünne Scheiben schneiden, dann zu dem Kasseler geben und knapp gar schmoren. Anschließend die Schnittlauchröllchen und die gehackte Petersilie dazugeben.
4. Die Crème fraîche mit dem geriebenen Käse und den Eiern verrühren, dann mit Salz, Pfeffer und Muskatnuß kräftig abschmecken. Den ausgerollten Teig in eine mit kaltem Wasser ausgespülte Springform (Durchmesser 24 cm) legen und

dabei einen hohen Rand drücken. Den Boden mehrmals mit einer Gabel einstechen. Die Form 15 Minuten kühl stellen.

5. Die Zwiebeln auf dem Boden verteilen und den Guß darübergeben. Den Kuchen im vorgeheizten Backofen bei 220 Grad (Gas Stufe 4) 30 bis 35 Minuten backen.

(Foto Seite 126 oben)

Kartoffeltarte mit Pilzen und Schinken

Für 4 Portionen

250 g Weizenvollkornmehl
1/2 TL Salz
125 g kalte Butter
1 Ei

Belag:

200 g roher Schinken
250 g Champignons
250 g gekochte Kartoffeln
1 große Zwiebel
3 EL Butter
Salz
Pfeffer aus der Mühle
3 EL Petersilie, gehackt
250 g süße Sahne
3 Eier
Muskatnuß, frisch gerieben
einige Schinkenstreifen
2 EL Petersilie, gehackt

1. Das Mehl in einer Schüssel mit dem Salz, Butterflöckchen und dem Ei mischen und zu einem glatten Teig verkneten. Den Teig in Klarsichtfolie wickeln und 60 Minuten kühl stellen.

2. Den Schinken fein würfeln. Die Champignons mit einem feuchten Tuch abreiben und in dünne Scheiben schneiden. Die geschälten Kartoffeln sehr fein reiben oder durch die Kartoffelpresse drücken. Die Zwiebel schälen und sehr fein hacken.

3. Die Butter in einer Pfanne erhitzen und die Schinkenwürfel zusammen mit den Champignons, den Kartoffeln und den Zwiebeln 5 Minuten schmoren, eventuell etwas Wasser dazugeben. Diese Masse mit Salz und Pfeffer sowie mit der gehackten Petersilie pikant abschmecken.

4. Die Sahne mit den Eiern, Salz, Pfeffer und etwas Muskatnuß verrühren.

5. Den Teig zwischen Klarsichtfolie dünn ausrollen. Eine runde Backform (Durchmesser 26 cm) einfetten und den Teig hineinlegen, dabei einen 2 cm hohen Rand formen. Den Teig im vorgeheizten Backofen bei 200 Grad (Gas Stufe 3) 10 Minuten vorbacken.

6. Die Kartoffel-Pilz-Mischung auf dem Teig verteilen und die Eiersahne darübergießen. Die Tarte weitere 25 bis 30 Minuten im heißen Backofen garen. Vor dem Servieren die Kartoffeltarte mit einigen Schinkenröllchen und etwas kleingehackter Petersilie garnieren.

(Foto Seite 126 unten)

Geflügeltarte

Für 4 Portionen

300 g TK-Blätterteig

Belag:

400 g gekochtes Hühnerfleisch
4 rote Paprikaschoten
100 g Schinkenspeck
2 EL Butter
Salz, Pfeffer aus der Mühle
3 Eier
250 g süße Sahne
4 EL Parmesan, gerieben

1. Den Blätterteig auftauen lassen und dünn ausrollen. Eine runde Backform (Durchmesser 26 cm) mit kaltem Wasser ausspülen und den Teig hineinlegen, dabei einen 3 cm hohen Rand formen.

2. Das Geflügelfleisch in kleine Würfel schneiden. Die Paprikaschoten ebenfalls würfeln. Den Schinkenspeck in dünne Streifen schneiden. Anschließend 10 Minuten schmoren lassen, eventuell etwas Wasser dazugeben.

3. Den Belag mit Salz und Pfeffer würzen. Dann auf dem Teig verteilen.

4. Die Eier mit der süßen Sahne und dem Parmesankäse verrühren. Die Eiersahne über die Füllung gießen und die Tarte im vorgeheizten Backofen bei 220 Grad (Gas Stufe 4) 30 bis 35 Minuten backen.

(Foto Seite 127)

Rehtarte mit Speck

Für 4 Portionen

250 g Weizenmehl Type 550
$^1/_2$ TL Salz
Pfeffer aus der Mühle
100 g kalte Butter
25 g Schweineschmalz
1 Ei

Belag:

800 g Rehschulter, geschnetzelt
1 TL Salz
2 Zwiebeln
1 Knoblauchzehe
2 EL Öl
3 Wacholderbeeren
$^1/_2$ l Fleischbrühe
100 g Crème fraîche
2 EL Tomatenmark
4 EL Lebkuchen, gerieben
(oder Schwarzbrot)
Rotweinessig
Worcestersauce
Butter für die Förmchen
100 g Räucherspeck in dünnen
Scheiben
Orangenscheiben
Preiselbeeren

1. Das Mehl in eine Schüssel sieben und zusammen mit dem Salz, den Butterflöckchen, dem Schmalz und dem Ei zu einem glatten Teig verkneten. Anschließend in Klarsichtfolie wickeln und 60 Minuten kühl stellen.
2. Das geschnetzelte Rehfleisch mit Salz bestreuen und mischen. Die Zwiebel und die Knoblauchzehe schälen und fein würfeln. Anschließend in dem Öl kurz anbraten. Dann das Fleisch dazugeben und kräftig Farbe annehmen lassen.

3. Die Wacholderbeeren zerdrücken und mit der Fleischbrühe zum Rehfleisch geben.
4. Das Fleisch 15 bis 20 Minuten schmoren. Dann herausnehmen und die Sauce auf $^1/_4$ Liter einkochen lassen.
5. Die Crème fraîche mit dem Tomatenmark und den geriebenen Lebkuchen mischen, in die Sauce rühren und alles mit Rotweinessig, Worcestersauce und Salz würzen.
6. Den Teig zwischen Klarsichtfolie dünn ausrollen. 8 kleine Förmchen einfetten und mit dem Teig auslegen. Das Fleisch auf den Teigböden verteilen und die Sauce dick darüberstreichen. Das Ganze mit Räucherspeck belegen und im vorgeheiz-

ten Backofen bei 200 Grad (Gas Stufe 3) 25 bis 30 Minuten backen. Die Rehtartes auf Orangenscheiben servieren und die Teller mit einigen gekochten Preiselbeeren garnieren.
(Foto Seite 128)

DER GUTE TIP

Die pikanten Kuchen in diesem Kapitel schmekken alle am besten warm. Servieren Sie die runden Kuchen zusammen mit einem gemischten Salat als Hauptmahlzeit, dann reicht die angegebene Menge für 4 Personen. Wollen Sie diese pikanten Kuchen als Vorspeise servieren, dann reichen Sie für 8 Personen.

Ententarte
mit Ananas

Für 4 Portionen

125 g Weizenmehl Type 405
1/2 TL Salz
125 g Butter
1 Ei

Belag:

1 Zwiebel
3 EL Butter
1 Bund Petersilie, gehackt
100 g Champignons
Saft von 1/2 Zitrone
2 Entenbrüste
100 g Ananaswürfel
Tabasco (Pfeffersauce)
Muskatnuß, frisch gerieben
Worcestersauce
Salz
Pfeffer aus der Mühle
Butter für die Form
200 g Crème fraîche
4 Eier
1 EL Speisestärke
Curry
Paprikapulver
einige Ananasstücke
etwas gehackte Petersilie

1. Das Mehl in eine Schüssel sieben und zusammen mit dem Salz, den Butterflöckchen und dem Ei zu einem glatten Teig verkneten. Anschließend in Klarsichtfolie wickeln und 60 Minuten kühl stellen.
2. Die Zwiebel schälen und fein würfeln. Anschließend in der heißen Butter weich schmoren. Dann mit der Petersilie mischen.
3. Die Champignons mit einem feuchten Tuch abrei-

ben und in dünne Scheiben schneiden. Zusammen mit dem Zitronensaft zu den Zwiebeln geben.
4. Das Fleisch kalt abwaschen und trockentupfen. Auf der Hautseite 8 Minuten braten, wenden und weitere 5 Minuten schmoren lassen. Das Fleisch in der heißen Pfanne 30 Minuten abkühlen lassen, dann würfeln. Fleisch- und Ananaswürfel zu der Zwiebel-Pilz-Mischung geben und

anschließend mit Tabasco, Muskatnuß, Worcestersauce, Salz und Pfeffer würzen.
5. Den Teig zwischen Klarsichtfolie dünn ausrollen. Eine runde Backform (Durchmesser 26 cm) einfetten und den Teig hineinlegen, dabei einen 2 cm hohen Rand formen. Den Teig im vorgeheizten Backofen bei 200 Grad (Gas Stufe 3) 10 Minuten vorbacken. Dann mit der Füllung belegen.

6. Für den Guß die Crème fraîche mit den Eiern und der Speisestärke gut verrühren. Anschließend mit Curry- und Paprikapulver pikant abschmecken und über das Fleisch gießen. Die Ententarte weitere 20 bis 25 Minuten im Backofen garen. Vor dem Servieren mit einigen kleinen Ananasstücken und etwas feingehackter Petersilie garnieren.
(Foto Seite 129)

Rotbarsch-Blumenkohl-Quiche

Für 4 Portionen

250 g Weizenmehl Type 405
1/2 TL Salz
125 g Butter
1 Ei

Belag:

400 g Rotbarschfilet
2 EL Zitronensaft
Salz
Pfeffer aus der Mühle
1 Knoblauchzehe, gehackt

400 g Blumenkohl
Butter für die Form
2 EL Sesam
100 g Crème fraîche
3 Eier
3 EL Tomatenmark
100 g Emmentaler, gerieben
etwas gehackte Petersilie

1. Das Mehl in eine Schüssel sieben und mit dem Salz, den Butterflöckchen und dem Ei zu einem glatten Teig verkneten. Anschließend in Klarsichtfolie wickeln und 60 Minuten kühl stellen.
2. Das Rotbarschfilet waschen, trockentupfen und würfeln. Anschließend mit dem Zitronensaft, Salz, Pfeffer und der zerdrückten Knoblauchzehe mischen. Den Fisch kühl stellen.
3. Den Blumenkohl in kleine Röschen teilen und in Salzwasser 8 Minuten vorgaren, dann abgießen und abkühlen lassen.
4. Den Teig zwischen Klarsichtfolie dünn ausrollen. Eine runde Form (Durchmesser 26 cm) einfetten und den Teig hineinfüllen, dabei einen 2 cm hohen Rand formen. Den Teig im vorgeheizten Backofen bei 200 Grad (Gas Stufe 3) 10 Minuten vor-

backen. Dann mit den Sesamen bestreuen.
5. Den abgetropften Fisch und die Blumenkohlröschen auf dem Teig verteilen.
6. Die Crème fraîche mit den Eiern, dem Tomatenmark und dem geriebenen Käse mischen. Über die Füllung gießen und die Quiche weitere 20 bis 25 Minuten backen. Vor dem Servieren mit etwas gehackter Petersilie bestreuen.
(Foto Seite 130)

Lachsquiche

Für 4 Portionen

250 g Weizenmehl Type 550
1/2 TL Salz
1 TL Dill, gehackt
125 g Butter
1 Ei

Belag:

250 g Brokkoliröschen
Salz
Pfeffer aus der Mühle
Muskatnuß, frisch gerieben
3 Eier
150 g Kräuterfrischkäse
250 g Schmand
Butter für die Form
250 g frisches Lachsfilet

1. Das Mehl in eine Schüssel sieben und mit dem Salz, dem Dill, den Butterflöckchen und dem Ei zu einem glatten Teig verkneten. Anschließend in Klarsichtfolie wickeln und 60 Minuten kühl stellen.

2. Die Brokkoliröschen in wenig Wasser mit Salz, Pfeffer und etwas Muskatnuß 3 Minuten garen. Dann abgießen und mit kaltem Wasser abschrecken.

3. Die Eier mit dem Frischkäse und dem Schmand glattrühren. Anschließend würzen.

4. Den Teig zwischen Klarsichtfolie dünn ausrollen. Eine runde Backform (Durchmesser 26 cm) einfetten und den Teig hineinlegen, dabei einen 2 cm hohen Rand formen. Den Teig im vorgeheizten Backofen bei 200 Grad (Gas Stufe 3) 10 Minuten vorbacken.

5. Das Lachsfilet kurz unter kaltem Wasser abspülen, anschließend mit Küchenpapier trockentupfen und würfeln. Die Brokkoliröschen und die Fischwürfel auf den Teigboden legen und mit der Eiersahne begießen. Die Quiche 25 bis 30 Minuten backen.
(Foto Seite 4/5: unten)

Thunfischtarte

Für 4 Portionen

250 g Weizenmehl Type 550
$\frac{1}{2}$ TL Salz
125 g Butter
1 Ei
Butter für die Form

Belag:

1 gelbe Paprikaschote
1 grüne Paprikaschote
1 Bund Frühlingszwiebeln
4 EL Butter
200 g Thunfisch ohne Öl (aus der Dose)
200 g Emmentaler, gerieben
150 g süße Sahne
3 Eier
Salz
Pfeffer aus der Mühle
1 EL Thymian, getrocknet

1. Das Mehl sorgfältig in eine Schüssel sieben und danach zusammen mit dem Salz, den kalten Butterflöckchen und dem Ei zu einem glatten Teig verkneten. Anschließend in Klarsichtfolie wickeln und mindestens 60 Minuten in den Kühlschrank stellen.

2. Die Paprikaschoten putzen, waschen und klein würfeln. Die Frühlingszwiebeln putzen und in Ringe schneiden. Anschließend das Gemüse in der Butter unter Rühren 10 Minuten schmoren. Das Gemüse beiseite legen.

3. Den Thunfisch abtropfen lassen und grob zum Gemüse zupfen.

4. Die Hälfte des geriebenen Käses zu dem Gemüse geben und mischen. Die andere Hälfte mit der süßen Sahne und den Eiern verrühren. Dann mit Salz, Pfeffer und Thymian würzen.

5. Den Teig zwischen Klarsichtfolie dünn ausrollen. Eine runde Form (Durchmesser 26 cm) einfetten und den Teig hineinlegen. Dabei einen 2 cm hohen Rand formen. Den Teig im vorgeheizten Backofen bei 200 Grad (Gas Stufe 3) 10 Minuten vorbacken.

6. Den Thunfisch mit dem Gemüse auf dem vorgebackenen Teig verteilen, die Eiersahne darübergießen und weitere 25 bis 30 Minuten backen.
(Foto Seite 131)

Gemüsepizza mit Hackfleischsauce

Für 4 Portionen

400 g Weizenmehl Type 550
30 g Hefe
$\frac{1}{4}$ l lauwarmes Wasser
1 TL Zucker
1 leicht gehäufter TL Salz
2 EL Olivenöl
Öl fürs Backblech

Belag:

3 EL Olivenöl
400 g Rinderhackfleisch
2 Zwiebeln
3 EL Tomatenmark
etwas Weißwein
1 EL Oregano, getrocknet
1 TL Salz
Pfeffer aus der Mühle
4 Tomaten
400 g Brokkoliröschen, gekocht
200 g geriebener Käse

1. Das Mehl in eine Schüssel sieben. Die Hefe mit dem Zucker in dem lauwarmen Wasser auflösen und zu dem Mehl geben. Dann das Salz und das Öl hinzufügen und alles zu einem glatten Teig verkneten. Anschließend in einer abgedeckten Schüssel 45 Minuten an einem warmen Ort gehen lassen. Den Teig dünn ausrollen und auf ein mit Öl bestrichenes Backblech legen. Abgedeckt weitere 15 Minuten gehen lassen.
2. Das Olivenöl in einem Topf erhitzen und das Hackfleisch darin kräftig anbraten. Die Zwiebeln schälen, fein hacken und dazugeben. Wei-

tere 5 Minuten schmoren.
Die Sauce mit Tomatenmark
und etwas Weißwein ver-
rühren und dann mit Oregano, Salz und Pfeffer würzen.
3. Die Tomaten einritzen
und kurz in kochendes Wasser halten. Dann die Haut
abziehen. Die Tomaten in
dicke Scheiben schneiden.
4. Die Tomatenscheiben
und die gekochten Brokkoliröschen auf dem Teig verteilen. Anschließend mit der
Hackfleischsauce über-
gießen und mit dem Käse
bestreuen. Die Pizza im vorgeheizten Backofen bei 220
Grad (Gas Stufe 4) 25 bis 30
Minuten backen.
(Foto Seite 132)

Pizza Sirena

Für 4 Portionen

400 g Weizenmehl Type 405
1 TL Backpulver
70 g Butter
2 Eier
1 TL abgeriebene Zitronenschale
1/2 Tasse Milch
1 TL Salz

Belag:

2 Bund Frühlingszwiebeln
1 rote Paprikaschote
1 grüne Paprikaschote
3 EL Olivenöl
1 große Dose geschälte Tomaten
1/2 TL Salz
Pfeffer aus der Mühle
1 EL Oregano, getrocknet

400 g Thunfisch in Öl
100 g schwarze Oliven
1 Glas Sardellen
1 Chilischote
200 g geriebener Käse

1. Das Mehl mit dem Backpulver in eine Schüssel sieben. Die Butter mit den
Eiern dazugeben und grob
mischen. Anschließend die
Zitronenschale, die Milch
und das Salz über das Mehl
geben und alles zu einem
glatten Teig verkneten. Den
Teig in Klarsichtfolie wickeln
und 30 bis 60 Minuten im
Kühlschrank ruhen lassen.
Anschließend zwischen Klarsichtfolie oder auf einer
bemehlten Arbeitsfläche
dünn ausrollen. Den Teig zu
4 runden Fladen formen
oder auf Backblechgröße
ausrollen.
2. Die Frühlingszwiebeln
putzen und in dünne Ringe
schneiden. Die beiden Pa-
prikaschoten putzen,
waschen und in dünne
Scheiben schneiden. An-
schließend in dem Olivenöl
5 Minuten schmoren.
3. Die Tomaten abgießen
und gut abtropfen lassen.
Das geschmorte Gemüse
mit Salz, Pfeffer und Oregano zu den Tomaten geben.

4. Den Thunfisch abgießen
und gut abtropfen lassen.
5. Die Oliven entkernen.
Die Sardellen kurz unter kaltem Wasser abspülen und
trockentupfen. Die Chi-
lischote waschen und in
dünne Ringe schneiden.
6. Den Teigboden mit dem
Gemüse, dem zerzupften
Thunfisch sowie den Oliven,
den Sardellen und den Chilischoten belegen. Anschließend mit dem geriebenen
Käse bestreuen und im vorgeheizten Backofen bei 220
Grad (Gas Stufe 4) 25 bis 30
Minuten backen.
(Foto Seite 133)

Pizza Fantastico

Für 4 Portionen

1 ½ Würfel Hefe
1 TL Zucker
180 ml lauwarmes Wasser
350 g Weizenmehl Type 550
125 g Kölln Instant-Flocken
1 TL Salz
8–10 EL Olivenöl

Belag:

1 kleine Dose geschälte
Tomaten
1 Knoblauchzehe
Salz
Pfeffer aus der Mühle
1 TL Oregano, getrocknet
1 TL Basilikum, getrocknet
150 g Champignons
1 Dose Artischockenherzen
20 grüne Oliven mit
Paprikafüllung
125 g Mailänder Salami
250 g Mozzarella
4 EL Olivenöl

1. Die Hefe mit dem Zucker im lauwarmen Wasser auflösen. Das Mehl in eine Schüssel sieben und mit den Haferflocken mischen. Die aufgelöste Hefe, das Salz und das Öl dazugeben und alles zu einem glatten Teig verkneten. Die Schüssel abdecken und an einem warmen Ort 30 Minuten gehen lassen. Den Teig noch einmal durchkneten und auf Backblechgröße oder rund ausrollen. Ein Backblech mit etwas Öl bestreichen und den Teig hineinlegen. An einem warmen Ort abgedeckt noch einmal 15 Minuten gehen lassen.

2. Die Tomaten abgießen und gut abtropfen lassen. Die Knoblauchzehe schälen und sehr fein hacken. Mit den Tomaten, Salz, Pfeffer, Oregano und Basilikum mischen. Die Tomaten dabei mit einem Messer oder einer Gabel zerkleinern.

3. Die Champignons mit einem feuchten Tuch abreiben und in dünne Scheiben schneiden. Die Artischocken abgießen, gut abtropfen lassen und je nach Größe vierteln oder halbieren. Die grünen Oliven in Scheiben schneiden und die Salami in Würfel.

4. Den Teig zunächst mit den Tomaten bestreichen. Anschließend die Champignons, die Artischockenherzen, die Oliven und die Salami darüber verteilen.

5. Den Mozzarella sehr grob raspeln und über die belegte Pizza streuen. Zum Schluß das Olivenöl darüberträufeln.

6. Die Pizza im vorgeheizten Backofen bei 240 Grad (Gas Stufe 5) 20 bis 25 Minuten backen.
(Foto Seite 134)

Pizzafladenbrot

Für 4 Portionen

100 g Roggenschrot
500 g Weizenvollkornmehl
1 Würfel Hefe, 1 TL Zucker
1 Beutel Sauerteig (aus dem Reformhaus)
1 TL Fenchelsamen, zerstoßen
1 TL Koriander, gemahlen
Salz, Mehl zum Bearbeiten

Belag:

500 g passierte Tomaten
4 EL Olivenöl
1 TL Pfeffer, geschrotet
2 große Zwiebeln
2 Knoblauchzehen
1 Bund glatte Petersilie, gehackt

1. Das Roggenschrot mit kaltem Wasser übergießen und über Nacht im Kühlschrank einweichen.
2. Am nächsten Tag das Vollkornmehl in eine geben Schüssel mischen. Mit einem Löffel eine Mulde drücken und dort hinein die Hefe bröckeln. Den Zucker darüberstreuen. Die Hefe mit 6 Eßlöffeln lauwarmem Wasser und etwas Mehl vom Rand zu einem Brei verrühren. Die Schüssel abdecken und 15 Minuten ruhen lassen.
3. Das Hefestück mit etwas Mehl bestäuben, dann den zimmerwarmen Sauerteig dazugeben und zu einem geschmeidigen Teig verkneten. Anschließend die Gewürze hinzufügen.
4. Das eingeweichte Schrot mit lauwarmen Wasser abspülen und mit 400 Milliliter lauwarmen Wasser zum Teig geben. Den weichen Teig in der Schüssel abdecken und an einem warmen Ort 30 Minuten ruhen lassen, bis sich sein Volumen verdoppelt hat.
5. Den Teig noch einmal gut durchkneten und auf einem mit Backpapier ausgelegten Backblech zu einem Fladen ausrollen. Im vorgeheizten Backofen bei 200 Grad (Gas Stufe 3) 15 Minuten vorbacken.
6. Inzwischen die passierten Tomaten mit dem Olivenöl und dem geschroteten Pfeffer mischen. Die Zwiebeln und den Knoblauch schälen. Die Zwiebeln in dünne Ringe schneiden. Den Knoblauch durch die Presse zu den Tomaten geben. Die Hälfte der Petersilie mit der Sauce verrühren. Den heißen Fladen mit der Tomatensauce bestreichen und die Zwiebeln hineindrücken. Das Fladenbrot weitere 15 bis 20 Minuten backen.
7. Vor dem Servieren die restliche Petersilie darüberstreuen.
(Foto Seite 135)

7. Das Eigelb mit etwas Wasser verrühren und den Teigrand damit bestreichen. Die Hälfte des ausgerollten Pizzabodens über die andere Teighälfte klappen und dabei die Ränder gut festdrücken.
8. Die Calzone mit dem restlichen Eigelb bestreichen und im vorgeheizten Backofen bei 220 Grad (Gas Stufe 4) 20 bis 25 Minuten backen.
(Foto Seite 136)

Zweierlei Pizzaschnecken

Für 4 Portionen

2 P. Mondamin Fix-Teig
für Pizza und Gemüsekuchen
$1/4$ l lauwarmes Wasser
1 EL italienische Kräuter, getrocknet
1 EL Kümmel

Paprika- und Lauchfüllung:

150 g rote Paprikaschoten
150 g Zucchini
2 EL Maiskeimöl
Knoblauchsalz
Pfeffer aus der Mühle
50 g geriebener Käse
200 g Lauch
1 kleine Zwiebel
2 EL Maiskeimöl
50 g Schafskäse (Feta)
2 Eigelb

1. Die beiden Innenbeutel in zwei verschiedenen Gefäßen mit je $1/8$ Liter lauwarmem Wasser verrühren. Einen Teig mit den italieni-

Calzone mit Gemüse und Lammhack

Für 2 Portionen

1 P. Mondamin Fix-Teig
für Pizza und Gemüsekuchen
$1/8$ l lauwarmes Wasser

Füllung:

200 g Lammhackfleisch
2 EL Olivenöl
1 Zwiebel
1 Knoblauchzehe
1 Packung Tomato al Gusto mit Basilikum
100 g TK grüne Bohnen
$1/2$ Bund Petersilie
25 g Pinienkern
Salz
Pfeffer aus der Mühle
1 Eigelb

1. Einen Innenbeutel Fix-Teig nach Anweisung mit dem lauwarmen Wasser zubereiten und auf einem eingefetteten Backblech zu einem Kreis von etwa 26 cm Durchmesser ausrollen. Den Teig abdecken und 30 Minuten ruhen lassen.
2. Für die Füllung das Hackfleisch in dem heißen Olivenöl kräftig anbraten.
3. Die Zwiebel und die Knoblauchzehe schälen und sehr fein hacken. Zu dem Hackfleisch geben und weitere 3 Minuten schmoren.
4. Die Tomatensauce und die aufgetauten grünen Bohnen zum Hackfleisch geben und auf kleiner Flamme 5 Minuten köcheln lassen.
5. Die Petersilie waschen, trockenschleudern und fein hacken, zur Füllung geben, ebenso die Pinienkerne. Alles mit Salz und Pfeffer würzig abschmecken.
6. Die Füllung muß solange kochen, bis die gesamte Flüssigkeit verdampft ist. Danach etwas abkühlen lassen und auf den Teigboden streichen.

schen Kräutern, den anderen mit dem Kümmel würzen. Die beiden Teige 30 Minuten ruhen lassen, dann jeweils zu einem 20 mal 30 cm großen Rechteck ausrollen.

2. Die Paprikaschote und die Zucchini putzen, waschen und fein würfeln. Anschließend in dem Öl weich schmoren und mit Knoblauchsalz und Pfeffer sowie dem geriebenen Käse mischen. Diese Füllung auf ein Teigrechteck streichen und aufrollen.

3. Den Lauch putzen, waschen und in feine Ringe schneiden. Die geschälte Zwiebel fein würfeln. Beides in dem heißen Öl schmoren. Anschließend mit Knoblauchsalz, Pfeffer und gewürfelten Schafskäse mischen. Die Lauchfüllung auf das andere Teigrechteck streichen und aufrollen.

4. Die Teigrollen in knapp 2 cm breite Stücke schneiden und auf ein mit Backpapier ausgelegtes Backblech legen.

5. Die beiden Eigelbe mit etwas Wasser verrühren und die Pizzaschnecken damit bestreichen. Anschließend im vorgeheizten Backofen bei 200 Grad (Gas Stufe 3) 20 bis 25 Minuten backen.
(Foto Seite 137)

Blumenkohl-Brokkoli-Snacks

Für 4 Portionen

65 g Speisestärke
65 g Weizenmehl Type 550
1 ¹/₂ TL Backpulver
4 EL Maiskeimöl
125 g Quark (10 % Fett)
¹/₂ TL Salz

Belag:

150 g Blumenkohlröschen, gekocht
150 g Brokkoliröschen, gekocht
50 g gekochter Schinken
80 g Gouda, gerieben
3 EL Crème fraîche
Salz, Pfeffer aus der Mühle
Muskatnuß, frisch gerieben
3 EL Pinienkerne

1. Die Speisestärke mit dem Mehl und dem Backpulver in einer Schüssel mischen. Anschließend das Öl, den Quark und das Salz dazugeben und zu einem glatten Teig verkneten.
2. Aus dem Teig 8 gleich große Kugeln formen und diese auf ein mit Backpapier ausgelegtes Backblech setzen. Dann mit der Hand flach drücken.
3. Die gekochten Blumenkohl- und Brokkoliröschen leicht in die Teigplatten hineindrücken.
4. Den Schinken fein würfeln, dann mit dem Käse und der Crème fraîche verrühren. Den Guß mit Salz, Pfeffer und Muskatnuß pikant abschmecken.
5. Die Sahne über das Gemüse gießen und mit den Pinienkernen bestreuen.
6. Die Blumenkohl-Brokkoli-Snacks im vorgeheizten Backofen bei 200 Grad (Gas Stufe 3) 20 bis 25 Minuten backen.
(Foto Seite 138)

DER GUTE TIP

Für diese Snacks können Sie auch eine Packung Mondamin Fix-Teig für Pizza und Gemüsekuchen verwenden oder wählen Sie einen der Pizzateige von Seite 132 und 133.

Tomaten-Oliven-Törtchen

Für 4 Portionen

500 g Weizenmehl Type 550
200 g Butter
2 Eier
2 TL Salz

Belag:

150 g Bresso mit französischen Kräutern
1 Ei
500 g Tomaten
18 schwarze Oliven
Salz, Pfeffer aus der Mühle
Butter für die Förmchen

1. Das Mehl in eine Schüssel sieben und die Butter in Flöckchen daraufsetzen. Dann die Eier und das Salz hinzufügen und alles zu einem glatten Teig verkneten. Anschließend in Klarsichtfolie wickeln und 60 Minuten kühl stellen.
2. Den Käse mit dem Ei glattrühren.
3. Die Tomaten waschen, den grünen Stielansatz herausschneiden und die Tomaten anschließend in 1 cm dicke Scheiben schneiden.
4. Den Teig zwischen Klarsichtfolie oder auf einer bemehlten Fläche knapp 0,5 cm dünn ausrollen und Kreise von 11 cm Durchmesser ausstechen. Anschließend in eingefettete Tortelettförmchen von etwa 8 cm Durchmesser legen und am Rand gut festdrücken.
5. Die Käsemasse auf den Teigböden verteilen und mit jeweils einer Scheibe Tomaten und einer schwarzen Olive belegen. Die gefüllten Törtchen mit Salz und Pfeffer bestreuen.
6. Anschließend im vorgeheizten Backofen bei 200 Grad (Gas Stufe 3) 20 bis 25 Minuten backen.
(Foto Seite 139)

DER GUTE TIP

Wer keine Tortelettförmchen hat, legt ein Backblech mit dem ausgerollten Teig aus oder schneidet den Teig in quadratische Stücke, die anschließend mit der Käsecreme bestrichen und mit Tomatenscheiben und Oliven belegt werden.

Krabbensnacks

Für 4 Portionen

300 g TK-Blätterteig

Belag:

300 g gekochte Nordseekrabben
3 EL Dill, gehackt
3 Eier
250 g süße Sahne
Salz
Pfeffer aus der Mühle
1/2 TL Curry
50 g Sahnegouda, gerieben
1 hartgekochtes Ei
einige gefüllte Oliven

1. Den Blätterteig auftauen lassen und anschließend zwischen Klarsichtfolie oder auf einer bemehlten Arbeitsfläche dünn ausrollen. Kleine, runde Kuchenförmchen (Durchmesser 8 cm) mit kaltem Wasser ausspülen und den Teig hineinlegen. Dabei einen 1 cm hohen Rand formen. Den Teigboden mit einer Gabel mehrmals einstechen.
2. Die Krabben mit dem Dill vermischen und auf die Teigböden verteilen.
3. Die Eier mit der süßen Sahne verrühren und anschließend mit Salz, Pfeffer und Curry mischen. Dann den geriebenen Käse darunterrühren und die Masse über die Krabben gießen.
4. Die Krabbensnacks im vorgeheizten Backofen bei 220 Grad (Gas Stufe 4) 10 bis 15 Minuten backen. Vor dem Servieren die Snacks mit Ei- und Olivenscheiben garnieren.

Saftige Strudel & würziges Kleingebäck

*Es finden sich unzählige Gelegenheiten, Fleisch und Fisch,
Gemüse und Kräuter mit einem Teig zu umhüllen und im Ofen knusprig
und goldgelb zu backen.
Kleine gefüllte Teigtaschen eröffnen ein raffiniertes Menü.
Saftige Strudel bereichern jedes Buffet,
sie sind immer willkommen beim sonntäglichen Brunch oder
beim sommerlichen Picknick. Überraschen Sie Ihre Familie
und Ihre Freunde doch einmal mit selbstgebackenen Käsestangen
und pikanten Keksen, mit Speckgugelhupf
oder Haferknäckebrot. Der Applaus gehört Ihnen.*

*Versteckter Räucherfisch,
Rezept Seite 142*

Versteckter Räucherfisch

Für 4 Portionen

1 Packung Mondamin Fix-Teig
für Pizza und Gemüsekuchen
1/8 l lauwarmes Wasser

Füllung:

200 g Schillerlocken
(oder Kieler Sprotten)
100 g Crème fraîche
1/2 TL Senf
1 TL Zitronensaft
3 EL Dill, gehackt
Salz
Pfeffer aus der Mühle
1 Eigelb
1 EL Dill

1. Einen Innenbeutel Fix-Teig mit dem lauwarmen Wasser nach Anweisung zubereiten.
2. Für die Füllung die Schillerlocken (oder die geputzten Kieler Sprotten) in nicht zu kleine Stücke schneiden. Die Crème fraîche mit dem Senf, dem Zitronensaft und dem fein gehackten Dill verrühren. Anschließend mit Salz und Pfeffer pikant abschmecken.
3. Den Teig zwischen Klarsichtfolie oder auf einer bemehlten Arbeitsfläche zu einem Rechteck (etwa 30 mal 15 cm) ausrollen und in 12 Vierecke teilen.
4. Jeweils etwas Räucherfisch und ein wenig gewürzte Crème fraîche in den Teigvierecken einrollen und dabei die Teigränder gut andrücken.

5. Aus den Teigresten kleine Plätzchen in Fisch- oder Blattform ausstechen und mit etwas Eigelb auf die Teigoberfläche kleben.
6. Das restliche Eigelb mit etwas Wasser verrühren und die Teigstücken damit bestreichen, anschließend mit etwas Dill bestreuen.
7. Den versteckten Räucherfisch auf ein mit Backpapier ausgelegtes Backblech setzen. Anschließend die gefüllten Teigtaschen im vorgeheizten Backofen bei 180 Grad (Gas Stufe 2) 20 bis 25 Minuten backen.
(Foto Seite 140/141)

Kleine Thunfischtaschen

Für 4 Portionen

1 Packung Mondamin Fix-Teig
für Pizza und Gemüsekuchen
1/8 l lauwarmes Wasser

Füllung

125 g Thunfisch ohne Öl
50 g TK-Erbsen
1 EL Crème fraîche
1 EL Petersilie, gehackt
1 TL Zitronensaft
Salz
Pfeffer aus der Mühle
1 Eigelb

1. Einen Innenbeutel Fix-Teig mit dem lauwarmen Wasser nach Anweisung zubereiten und 30 Minuten gehen lassen.

2. Den Thunfisch abtropfen lassen und mit einer Gabel zerpflücken. Die tiefgekühlten Erbsen in wenig Wasser 3 Minuten kochen, abgießen und abtropfen lassen. Dann mit dem Thunfisch und der Crème fraîche, der Petersilie und dem Zitronensaft mischen. Die Füllung mit Salz und Pfeffer pikant abschmecken.
3. Den Teig zwischen Klarsichtfolie oder auf einer bemehlten Arbeitsfläche zu einem Rechteck (35 mal 20 cm) ausrollen und in 15 Quadrate (7 mal 7 cm) teilen.
4. Auf jedes Quadrat etwas Füllung geben und die Quadrate zu Dreiecken zusammenschlagen. Dabei die Teigränder fest andrücken.
5. Die gefüllten Teigtaschen auf ein mit Backpapier ausgelegtes Backblech legen.

6. Das Eigelb mit etwas Wasser verrühren und die Teigoberfläche damit bestreichen. Die Teigtaschen im vorgeheizten Backofen bei 200 Grad (Gas Stufe 3) 20 bis 25 Minuten backen und lauwarm servieren.
(Foto Seite 142)

Quarkblätterteig mit Pilzfüllung

Für 4 Portionen

250 g Weizenvollkornmehl
oder Weizenmehl Type 1050
200 g eiskalte Butter
oder eiskalte Margarine
250 g Magerquark
$\frac{1}{2}$ TL Salz

Füllung:

1 große Zwiebel
500 g braune Champignons
Saft von $\frac{1}{2}$ Zitrone
3 EL Olivenöl
Kräutersalz
Pfeffer aus der Mühle
Muskatnuß, frisch gerieben
etwas Mehl zum Bearbeiten
2 Eigelb
5 EL süße Sahne
2 EL gehackte Petersilie
1 Eigelb
1 EL Milch
50 g Emmentaler, gerieben

1. Das Vollkornmehl in eine Schüssel sieben. Anschließend die kalte Butter in Flöckchen dazugeben, ebenso den Quark und das Salz. Alles zu einem glatten Teig verkneten und zu einem Rechteck ausrollen. Den Teig von beiden Seiten zur Mitte her einschlagen, zusammen-klappen und wieder ausrollen. Diesen Vorgang dreimal wiederholen und zwischendurch den Teig immer wieder für 15 Minuten in den Kühlschrank stellen.
2. Die Zwiebel schälen und sehr fein würfeln. Die Champignons mit einem feuchten Tuch abreiben und in Scheiben schneiden. Anschließend mit dem Zitronensaft beträufeln. Das Öl erhitzen und die Zwiebeln darin 5 Minuten schmoren. Anschließend die Champignons dazugeben und bei großer Hitze 3 Minuten köcheln lassen. Das Ganze mit Kräutersalz, Pfeffer und Muskatnuß würzen.
3. Nur so viel Mehl zu den Pilzen geben, daß eine leicht gebundene Sauce entsteht. Die Eigelbe mit der Sahne verrühren und zu den Pilzen geben. Zum Schluß die Petersilie darunterrühren. Das Ragout darf aber nicht mehr kochen.
4. Den Teig zwischen Klarsichtfolie oder auf einer bemehlten Fläche dünn ausrollen und in 10 mal 10 cm große Quadrate schneiden.
5. Auf jedes Quadrat etwas Füllung geben und die Vierecke zur Mitte hin einschlagen. Die Ränder fest zusammendrücken.
6. Das Eigelb mit der Milch verrühren und die Teigtaschen damit dünn bestreichen.
7. Die Teigtaschen im vorgeheizten Backofen bei 220 Grad (Gas Stufe 4) 20 bis 25 Minuten backen. 10 Minuten vor Backende die Teigtaschen mit dem Käse bestreuen.
(Foto Seite 143)

Gemüseallerlei im Teigmantel

Für 4 Portionen

1 Packung Fix-Teig für Pizza und Gemüsekuchen
$^1/_8$ l lauwarmes Wasser
1 Msp. Currypulver
1 Msp. Knoblauchsalz

Füllung:

1 Möhre
2 Frühlingszwiebeln
3 EL Erbsen (aus der Dose)
100 g frische Sojasprossen
1 EL Sesam
2 EL Petersilie, gehackt
1 EL Sojasauce
1 EL Zitronensaft
Ingwerpulver
Salz
Pfeffer aus der Mühle
Sambal Oelek
1 Eigelb
1 EL Sesam

1. Einen Innenbeutel Fix-Teig mit dem Wasser und den Gewürzen nach Anweisung zubereiten.
2. Für die Füllung die Möhre schälen und grob raspeln. Die Frühlingszwiebeln putzen, waschen und mit dem Grün in sehr feine Ringe schneiden.
3. Das zerkleinerte Gemüse, die Erbsen, die abgespülten Sojasprossen und den Sesam miteinander mischen. Dann mit der gehackten Petersilie, der Sojasauce und dem Zitronensaft, dem Ingwer, Salz, Pfeffer und Sambal Oelek pikant abschmecken.
4. Den Teig zwischen Klarsichtfolie oder auf einer bemehlten Arbeitsfläche zu einem Rechteck (etwa 30 mal 25 cm) ausrollen und in 8 Quadrate schneiden. Die Füllung auf den Quadraten verteilen und den Teig von einer Spitze zur anderen aufrollen. Dabei die Teigränder fest andrücken.
5. Die gefüllten Teigrollen auf ein mit Backpapier ausgelegtes Backblech legen. Das Eigelb mit etwas Wasser verrühren und die Teigoberfläche damit bestreichen. Sofort mit dem Sesam bestreuen.
6. Das Gemüseallerlei im Teigmantel im vorgeheizten Backofen bei 200 Grad (Gas Stufe 3) 20 bis 25 Minuten backen.
(Foto Seite 144)

--- DER GUTE TIP ---

Reichen Sie zu diesen pikanten Teigröllchen je ein Schälchen mit süßer und salziger Sojasauce sowie etwas Sambal Oelek.

Scharfes Hackfleisch im Teig

Für 4 Portionen

1 Packung Mondamin Fix-Teig
für Pizza und Gemüsekuchen
$^1/_8$ l lauwarme Buttermilch
Pfeffer aus der Mühle

Füllung:

1 Zwiebel
$^1/_2$ rote Paprikaschote
150 g Rinderhackfleisch
1 EL Wasser
1 EL Semmelbrösel
1 Chilischote
1 TL Senf

1 EL Petersilie, gehackt
1 TL Thymian, getrocknet
$^1/_2$ TL Paprikapulver
Salz
Pfeffer aus der Mühle
1 Eigelb
2 EL Sesam

1. Einen Innenbeutel Fix-Teig nach Anweisung mit der Buttermilch und dem Pfeffer zubereiten.
2. Für die Füllung die geschälte Zwiebel sehr fein hacken. Die halbe Paprikaschote putzen, waschen, trockentupfen und ebenfalls sehr fein würfeln.
3. Das Hackfleisch mit dem Wasser und den Semmelbröseln zerdrücken. Dann die Gemüsewürfel dazugeben. Die Chilischote waschen und in sehr feine Ringe schneiden. Zusammen mit dem Senf zum Hackfleisch geben und alles mischen. Anschließend mit Petersilie, Thymian, Paprikapulver, Salz und Pfeffer pikant abschmecken.
4. Aus dem Hackfleischteig 12 kleine Rollen (etwa 5 cm lang) formen. Anschließend im Kühlschrank ruhen lassen.
5. Den Teig zwischen Klarsichtfolie oder auf einer bemehlten Arbeitsplatte zu einem Rechteck (30 mal 15 cm) ausrollen und in 12 Vierecke teilen. Die Hackfleischröllchen darin einrollen und die Teigränder dabei gut festdrücken.

6. Die Röllchen auf ein mit Backpapier ausgelegtes Backblech legen. Das Eigelb mit etwas Wasser verrühren und die Teigoberfläche damit bestreichen. Anschließend mit Sesam bestreuen und im vorgeheizten Backofen bei 200 Grad (Gas Stufe 3) 30 bis 35 Minuten backen.
(Foto Seite 145)

— **DER GUTE TIP** —

Reichen Sie dazu einen würzigen Quark, der mit etwas Joghurt, Salz und Pfeffer glattgerührt wird. Zum Würzen nehmen Sie 2 bis 3 Knoblauchzehen.

Kräuterrolle mit Schafskäse

Für 4 Portionen

100 ml lauwarme Milch
2 EL Maiskeimöl
1 TL Zucker, $^1/_2$ TL Salz
175 g Weizenmehl Type 550
15 g Hefe

Füllung:

1 Zwiebel
1 Knoblauchzehe
1 Bund Schnittlauch
1 Bund Petersilie
1 Bund Basilikum
2 EL Crème fraîche
Salz, Pfeffer aus der Mühle
Muskatnuß, frisch gerieben
125 g Schafskäse (Feta)
1 Eigelb

1. Die lauwarme Milch mit dem Öl, dem Zucker und dem Salz verrühren. Anschließend das Mehl darübersieben und die Hefe dazugeben. Alles zu einem glatten Teig verkneten. Den Teig in der Schüssel abdecken und an einem warmen Ort 30 Minuten gehen lassen.
2. Die Zwiebel und die Knoblauchzehe schälen und sehr fein hacken. Den Schnittlauch, die Petersilie und das Basilikum waschen, trockenschleudern und nicht zu fein hacken.
3. Die Crème fraîche in einem kleinen Topf erhitzen und die gehackten Zwiebeln und die Knoblauchzehe darin 3 Minuten unter Rühren köcheln lassen. Anschlie-

ßend mit den Kräutern mischen und mit Salz, Pfeffer und Muskatnuß würzen.
4. Den Käse in sehr kleine Würfel schneiden.
5. Den Teig zwischen Klarsichtfolie oder auf einer bemehlten Arbeitsfläche zu einem Rechteck (etwa 20 mal 30 cm) ausrollen. Darauf die Kräutermasse streichen und einen Rand freilassen. Zum Schluß die Käsewürfel darüberstreuen und den Teig aufrollen. Dabei die Seiten und Enden gut andrücken.
6. Die Rolle auf ein mit Backpapier ausgelegtes Backblech setzen. Das Eigelb mit etwas Wasser verrühren und die Teigoberfläche damit bestreichen. Anschließend im vorgeheizten Backofen bei 220 Grad (Gas Stufe 4) 20 bis 25 Minuten backen. Vor dem Servieren 10 Minuten ruhen lassen, dann in dünne Scheiben schneiden.
(Foto Seite 146)

Vollwert-Lauch-Strudel

Für 4 Portionen

200 g Weizenvollkornmehl
1 Ei, 1 EL Olivenöl
1 Tasse lauwarmes Wasser
1 TL Salz
1 TL Kümmel, gemahlen
1/2 TL Koriander, gemahlen
1 TL Honig
2 EL Obstessig

Füllung:

1 Zwiebel
3 Stangen Lauch
2 Knoblauchzehen
50 g Butter
1 TL Salz
250 g Quark (20% Fett)
2 Eier
125 g Emmentaler, gerieben
2–3 EL Semmelbrösel
Salz, Pfeffer aus der Mühle
Muskatnuß, frisch gerieben
1 Eigelb

1. Das Mehl mit dem Ei, dem Öl und dem Wasser in einer Schüssel mischen. Anschließend mit den Gewürzen, dem Honig und dem Obstessig würzen.
2. Den Teig abdecken und 30 Minuten ruhen lassen.

3. Die Zwiebel schälen und in feine Ringe schneiden. Den Lauch putzen, waschen und in dünne Scheiben schneiden. Die Knoblauchzehen schälen und durch die Presse drücken.
4. Die Butter in einer Pfanne erhitzen und die Zwiebeln, den Lauch und den Knoblauch darin 5 Minuten unter Rühren schmoren. Anschließend mit dem Salz würzen.
5. Den Quark mit den Eiern und dem Käse mischen. Dann das Gemüse dazugeben und nur soviel Semmelbrösel darüberstreuen, wie die Masse aufnimmt. Anschließend die Füllung würzen.

6. Den Teig zwischen Klarsichtfolie oder auf einer bemehlten Arbeitsplatte sehr dünn ausrollen. Den Teig mit der Füllung bestreichen und dabei einen kleinen Rand frei lassen.
7. Den Teig mit Hilfe eines Küchentuchs zu einem Strudel zusammenrollen. Dann auf ein mit Backpapier ausgelegtes Backblech legen. Die Nahtstelle befindet sich dabei unten.
8. Das Eigelb mit etwas Wasser verrühren und den Strudel damit bestreichen. Dann im vorgeheizten Backofen bei 200 Grad (Gas Stufe 3) 35 bis 40 Minuten backen.
(Foto Seite 147)

Gemüsestrudel

Für 4 Portionen

400 g Weizenmehl Type 550
1 TL Salz
200 ml Wasser
50 ml Olivenöl
1 EL Butter

Füllung:

150 g Mangold
1 Möhre
100 g Sellerieknolle
1 Stange Lauch
2 EL Öl
2 EL Instant-Gemüsebrühe
2–3 EL Haferflocken
100 g geriebener Käse
1 Ei, Pfeffer aus der Mühle
Kümmel, gemahlen
1 Eigelb

1. Das Mehl in eine Schüssel sieben und zusammen mit dem Salz, dem Wasser, dem Öl und der Butter zu einem glatten Teig verkneten. Anschließend in Klarsichtfolie wickeln und im Kühlschrank 30 Minuten ruhen lassen.
2. Den Mangold putzen, waschen und in Streifen schneiden. Dann für 2 Minuten in kochendes Wasser legen, abgießen und mit kaltem Wasser abschrecken.
3. Die Möhre schälen und grob raspeln. Die Sellerieknolle schälen und fein würfeln. Den Lauch putzen, waschen und in dünne Ringe schneiden. Das Öl in einem Topf erhitzen und das Gemüse darin kurz anschwitzen

lassen. Anschließend die Gemüsebrühe dazugeben und alles 5 Minuten köcheln lassen. Das Gemüse mit den Haferflocken binden.
4. Das Gemüse mit dem Mangold, dem Käse und dem Ei mischen. Dann mit Pfeffer und Kümmel würzen.
5. Den Teig auf einem bemehlten Tuch sehr dünn ausrollen. Dann mit der Füllung bestreichen und mit Hilfe des Tuches aufrollen.
6. Den Gemüsestrudel auf ein mit Backpapier ausgelegtes Backblech legen. Dabei liegt die Nahtstelle unten.
7. Das Eigelb mit etwas Wasser verrühren und die Teigoberfläche damit bestreichen.

8. Den Strudel mit einer Gabel mehrmals einstechen. Im vorgeheizten Backofen bei 200 Grad (Gas Stufe 3) 35 bis 40 Minuten backen.
9. Den Strudel 10 Minuten ruhen lassen und erst dann in dünne Scheiben schneiden. *(Foto Seite 148)*

--- DER GUTE TIP ---

Servieren Sie dazu eine Tomatensauce aus 500 Gramm Tomaten, 1 Zwiebel, 1 Knoblauchzehe, 2 Eßlöffeln Olivenöl sowie gehacktem Basilikum. Alle Zutaten einmal aufkochen lassen, pürieren und durch ein Sieb streichen.

Krautstrudel

Für 4 Portionen

250 g Weizenmehl Type 405
1 EL Sonnenblumenöl
1 TL Salz
1 Ei
$\frac{1}{8}$ l lauwarmes Wasser

Füllung:

50 g Sonnenblumenkerne
1 Zwiebel
700 g Weißkohl
1 Apfel
1 EL frische Thymianblättchen
2 EL Butter
1 TL Kräutersalz
Pfeffer aus der Mühle
125 g saure Sahne
1 EL Senf
2 EL Mehl

2 EL Sonnenblumenöl
2 EL Semmelbrösel
1 EL Milch

1. Das Mehl in eine Schüssel sieben und mit dem Öl, dem Salz, dem Ei und dem Wasser zu einem glatten Teig verkneten. Anschließend in Klarsichtfolie wickeln und 30 Minuten kühl stellen.

2. Die Sonnenblumenkerne in einer fettfreien Pfanne rösten. Auf einem Teller abkühlen lassen.

3. Die Zwiebel schälen und fein würfeln. Von dem Weißkohl die äußeren Blätter entfernen, den Kohlkopf vierteln und den Strunk herausschneiden. Anschließend in feine Streifen hobeln.

4. Den gewaschenen Apfel vierteln, das Kerngehäuse entfernen. Anschließend die Apfelstücke fein würfeln. Die Zwiebel, die Weißkohlstreifen, die Apfelwürfel sowie die Thymianblättchen mit der Butter in einem Topf 7 Minuten schmoren. Eventuell etwas Wasser dazugießen.

5. Das Gemüse mit Kräutersalz und Pfeffer pikant abschmecken.

6. Die saure Sahne mit dem Senf und den gerösteten Sonnenblumenkernen (1 Teelöffel beiseite legen) mischen und unter das Gemüse rühren.

7. Ein großes Küchentuch mit Mehl bestäuben. Den Teig darauf sehr dünn aus-

rollen, dann mit dem Öl bestreichen und mit Semmelbröseln bestreuen. Die Füllung auf den Teig streichen und dabei einen 3 cm breiten Rand lassen. Diese Ränder nach innen schlagen und den Strudel mit Hilfe des Küchentuchs locker aufrollen.

8. Den Strudel auf ein mit Backpapier ausgelegtes Backblech legen. Die Nahtstelle liegt unten. Den Strudel mit der Milch bestreichen und mit den restlichen Sonnenblumenkernen bestreuen, etwas andrücken.

9. Den Strudel im vorgeheizten Backofen bei 200 Grad (Gas Stufe 3) 40 bis 45 Minuten backen.
(Foto Seite 149)

Knusprige Käsetaler

Für etwa 20 Stück

120 g Weizenvollkornmehl
80 g Emmentaler, gerieben
50 g kalte Butter
50 g süße Sahne
1 Eigelb, 3 EL Mohn

1. Das Mehl in einer Schüssel mit dem Käse mischen. Die Butter in Flöckchen und die süße Sahne dazugeben und alles zu einem geschmeidigen Teig verkneten.
2. Den Teig in Klarsichtfolie wickeln und 30 Minuten kühl stellen.
3. Anschließend zwischen Klarsichtfolie dünn ausrollen und runde Plätzchen ausstechen (Durchmesser ca. 3 cm).
4. Die Käsetaler noch einmal für 60 Minuten kühl stellen. Dann auf ein mit Backpapier ausgelegtes Backblech legen und im vorgeheizten Backofen bei 180 Grad (Gas Stufe 2) 15 bis 18 Minuten backen.
5. Das Eigelb mit etwas Wasser verrühren und 5 Minuten vor Backende die Käsetaler damit bestreichen und mit dem Mohn bestreuen.
(Foto Seite 150/151: oben)

DER GUTE TIP

Sie können die Käsetaler auch mit Sesam, Kümmel, Kräutern, gewürfeltem Schinken oder geriebenem Käse bestreuen.

Herzhafte Sesamstangen

Für 30 Stück

250 g Weizenvollkornmehl
1/2 P. Backpulver
1 TL Knoblauchsalz
3 EL Olivenöl
30 g Salami
200 g Buttermilch
1 Eiweiß
4 EL Sesam

1. Das Mehl mit dem Backpulver und dem Salz in einer Schüssel mischen. Anschließend das Öl sowie die kleingewürfelten Salamischeiben und die Buttermilch dazugeben und alles zu einem glatten Teig verkneten. Den Teig in einer Schüssel bei Zimmertemperatur 60 Minuten ruhen lassen.
2. Den Teig zu einer Rolle formen und anschließend in 30 gleich große Stücken teilen. Diese Teigstücken zu etwa fingerlangen Stangen rollen.
3. Das Eiweiß leicht anschlagen und die Stangen damit rundherum bestreichen. Anschließend in dem Sesam wälzen und auf ein mit Backpapier ausgelegtes Backblech legen.
4. Die Sesamstangen im vorgeheizten Backofen bei 180 Grad (Gas Stufe 2) 15 bis 18 Minuten backen.
(Foto Seite 150/151: rechts)

Mandel-Käse-Gebäck

Für etwa 40 Stück

175 g Weizenmehl Type 550
100 g Dinkelmehl
100 g Hafermehl oder
Instantflocken
200 g kalte Butter
oder Margarine
1 TL Salz
1 EL Honig
etwas abgeriebene
Zitronenschale
1 Eigelb
100 g Cheddar, gerieben
40 halbe Mandeln

1. Die verschiedenen Mehl-sorten in einer Schüssel mischen. Die Butter in klei-nen Flöckchen dazugeben, ebenso das Salz, den Honig, die Zitronenschale, das Eigelb und den Käse. Alles zu einem glatten Teig ver-kneten. Anschließend in Klarsichtfolie wickeln und mindestens 30 Minuten kühl stellen.
2. Den Teig zwischen Klar-sichtfolie oder auf einer bemehlten Arbeitsplatte etwa 0,5 cm dick ausrollen und anschließend in 40 klei-ne Quadrate schneiden.
3. Die Quadrate mit etwas Wasser bestreichen und jeweils eine halbe geschälte Mandel in die Mitte drücken.
4. Das Käsegebäck im vor-geheizten Backofen bei 180 Grad (Gas Stufe 2) 8 bis 10 Minuten backen.
(Foto Seite 150/151: links)

Hafer-Wein-Gebäck

Für 30 Stück

300 g Weizenmehl Type 550
250 g Blütenzarte Haferflocken
1/2 TL Backpulver
200 g Butter
2 Eier
1 EL Zucker
100 g Haselnüsse, gemahlen
1 Eigelb

1. Das gesiebte Mehl mit den Haferflocken und dem Backpulver in einer Schüssel mischen. Dann die Butter in Flöckchen, die Eier, den Zucker und die gemahlenen Haselnüsse dazugeben. Alles zu einem glatten Teig verkneten.
2. Den Teig in Klarsichtfolie wickeln und 30 Minuten kühl stellen.
3. Den gekühlten Teig zwi-schen Klarsichtfolie oder auf einer bemehlten Arbeits-fläche etwa 0,5 cm dick aus-rollen, dann in 2 cm breite und 5 cm lange Rechtecke schneiden.
4. Die Rechtecke auf ein mit Backpapier ausgelegtes Backblech legen. Das Eigelb mit etwas Wasser verrühren und das Gebäck damit bestreichen. Anschließend im vorgeheizten Backofen bei 220 Grad (Gas Stufe 4) 12 bis 15 Minuten backen.
5. 5 Minuten vor Backende das Gebäck mit dem rest-lichen Eigelb bestreichen.

Blätterteig-Käse-Stangen

Für etwa 20 Stück

300 g TK-Blätterteig
1 Eiweiß
3 EL Emmentaler, gerieben
¹/₂ TL Kümmel, gemahlen
1 Eigelb, 1 EL Milch
2–3 EL Gouda, gerieben
1 EL Kräuter der Provence, getrocknet

1. Die Blätterteigscheiben auftauen lassen.
2. Anschließend auf einer bemehlten Arbeitsplatte oder zwischen Klarsichtfolie dünn ausrollen.
3. Das Eiweiß leicht anschlagen und den ausgerollten Blätterteig damit bestreichen. Anschließend mit dem Käse und dem Kümmelpulver bestreuen.
4. Den Teig einmal zusammenklappen und leicht ausrollen. Dann in 2 cm breite und 10 cm lange Streifen schneiden. Jeweils 2 Streifen zu Spiralen drehen und auf ein mit Backpapier ausgelegtes Backblech legen.
5. Das Eigelb mit der Milch verrühren und die Spiralen damit bestreichen. Es darf aber kein Eigelb an die Schnittflächen kommen. Die Spiralen anschließend mit dem geriebenen Gouda und den getrockneten Kräutern bestreuen.
6. Das Gebäck im vorgeheizten Backofen bei 220 Grad (Gas Stufe 4) 8 bis 10 Minuten backen.

Hafer-Käse-Gebäck

Für etwa 20 Stück

50 g Weizenmehl Type 405
100 g Blütenzarte Köllnflocken
100 g Parmesan, gerieben
125 g kalte Butter
1 Eigelb, 1 TL Paprikapulver
2 Eigelb
1 EL Mohn, 1 EL Kümmel
etwa 20 geschälte Mandeln

1. Das Mehl mit den Haferflocken und dem Käse in einer Schüssel mischen. Dann in Flöckchen die Butter dazugeben sowie das Eigelb und das Paprikapulver. Alles zu einem glatten Teig verkneten.
2. Den Teig zwischen Klarsichtfolie etwa 0,5 cm dick ausrollen und verschiedene Plätzchen ausstechen.
3. Ein Backblech mit Backpapier auslegen und die Plätzchen darauflegen.
4. Die Eigelbe mit etwas Wasser verrühren und die Plätzchen damit bestreichen. Sobald das Eigelb angetrocknet ist, noch einmal bestreichen und die Plätzchen nach Geschmack mit Kümmel, Mohn oder den halbierten oder gehackten Mandeln belegen.
5. Das Gebäck im vorgeheizten Backofen bei 200 Grad (Gas Stufe 3) 10 bis 12 Minuten goldgelb backen.
(Foto Seite 152)

Haferspiralen

Für etwa 16 Stück

125 g Weizenmehl Type 405
75 g Kölln Instant-Flocken
100 g kalte Butter
1 Eigelb
½ TL Salz
1 Ecke Sahneschmelzkäse
1 Eigelb
1 EL Milch
Kümmel
grobes Salz

1. Das Mehl mit den Haferflocken, den Butterflöckchen, dem Eigelb, Salz und Paprikapulver sowie dem Schmelzkäse mischen. Alles zu einem glatten Teig verkneten.
2. Den Teig in Klarsichtfolie wickeln und 30 Minuten kühl stellen.
3. Anschließend zwischen Klarsichtfolie oder auf einer bemehlten Arbeitsplatte etwa 0,5 cm dick ausrollen. Den Teig in 1 cm breite und 10 cm lange Streifen ausradeln und diese zu Spiralen drehen.
4. Die Spiralen auf ein mit Backpapier ausgelegtes Backblech legen.
5. Das Eigelb mit der Milch verrühren und die Spiralen damit bestreichen. Dann nach Geschmack mit Kümmel und grobem Salz bestreuen.
6. Die Haferspiralen im vorgeheizten Backofen bei 200 Grad (Gas Stufe 3) 12 bis 15 Minuten goldgelb backen.
(Foto Seite 153)

Windbeutel

Für 4 – 6 Portionen

1/4 l Wasser
1/4 TL Salz, 50 g Butter
150 g Weizenmehl Type 550
2 EL Haselnüsse, gemahlen
2–3 Eier

Füllung:

30 g gekochter Schinken
70 g gekochte Krabben
125 g Quark (20% Fett)
1 kleine Zwiebel, gehackt
1 EL Dill, gehackt
etwas Zitronensaft

Salz
Pfeffer aus der Mühle
200 g Frischkäse
2–3 EL Zitronensaft
125 g getrocknete Tomaten in
Öl, gehackt
1/2 TL Thymian, getrocknet
Knoblauchsalz
Pfeffer aus der Mühle

1. Das Wasser mit dem Salz und der Butter zum Kochen bringen. Anschließend auf einmal das Mehl und die gemahlenen Haselnüsse dazugeben. Alles so lange weiterkochen, bis sich der Teig vom Topfboden löst.

2. Das Ganze vom Feuer nehmen und nacheinander die Eier dazugeben.
3. Den Teig in einen Spritzbeutel füllen und kleine Häufchen auf ein mit Backpapier ausgelegtes Backblech spritzen.
4. Die Windbeutel im vorgeheizten Backofen bei 200 Grad (Gas Stufe 3) 20 bis 25 Minuten backen. Die Windbeutel abkühlen lassen und mit einem scharfen Messer aufschneiden.
5. Für die erste Füllung den gekochten Schinken und die Krabben sehr fein hacken.

Anschließend mit dem Quark und den Zwiebelwürfeln verrühren und mit dem Dill, dem Zitronensaft, Salz und Pfeffer mischen. Die Hälfte der Windbeutel damit füllen.
6. Für die zweite Füllung den Frischkäse mit Zitronensaft cremig rühren.
7. Die getrockneten Tomaten zwischen Küchenpapier entfetten, mit dem Thymian, Knoblauchsalz und Pfeffer zum Frischkäse geben und mischen. Anschließend die restlichen Windbeutel damit füllen.
(Foto Seite 154)

Vollkornwind-beutel mit Kräutercreme

Für 4 Portionen

50 g Butter, 200 ml Wasser	
140 g Weizenvollkornmehl	
$\frac{1}{4}$ TL Salz	
2–3 Eier	

Füllung:

250 g Doppelrahmfrischkäse	
etwas Milch	
1 Zwiebel	
1 Tasse Kräuter, gehackt	

Salz	
Pfeffer aus der Mühle	
Muskatnuß, frisch gerieben	
etwas Zitronensaft	

1. Die Butter mit dem Wasser in einem Topf erhitzen. Das Mehl und das Salz auf einmal dazugeben und solange kochen lassen, bis sich der Teig vom Topfboden löst.
2. Den Topf vom Feuer nehmen und nacheinander die Eier unterrühren, bis der Teig schwer vom Löffel reißt.
3. Den Teig in einen Spritzbeutel füllen und auf ein mit Backpapier ausgelegtes Backblech kleine Häufchen spritzen. Anschließend im vorgeheizten Backofen bei 200 Grad (Gas Stufe 3) 20 bis 25 Minuten backen. Die Backofentür während der ersten Hälfte der Backzeit nicht öffnen, weil die Windbeutel sofort zusammenfallen.
4. Die Windbeutel im ausgeschalteten Ofen 10 Minuten stehen lassen. Dann herausnehmen, abkühlen lassen und mit einem scharfen Messer aufschreiden.
5. Für die Füllung den Doppelrahmfrischkäse mit etwas Milch glattrühren. Die Zwiebel schälen und sehr fein hacken. Die Zwiebel und die Kräuter unter den Frischkäse rühren und alles mit den Gewürzen und dem Zitronensaft herzhaft abschmecken. Anschließend mit einem Löffel oder mit einem Spritzbeutel in die Windbeutel füllen.
(Foto Seite 155)

Elsässer Speckgugelhupf

Für 4 – 6 Portionen

300 g Bacon (dänischer Frühstücksspeck)
300 g Weizenmehl Type 550
1/4 TL Salz
100 ml lauwarmes Wasser
1 TL Zucker
30 g Hefe
1 TL Thymian, getrocknet
80 g weiche Butter
80 g gehackte Mandeln
1 Ei
Butter für die Form
3–4 EL gehackte Mandeln

1. Den Frühstücksspeck in dünne Streifen schneiden und bei großer Hitze in einer Pfanne knusprig braten. Anschließend zwischen Küchenpapier entfetten und beiseite legen.
2. Das Mehl in eine Schüssel sieben und mit dem Salz mischen. Das lauwarme Wasser mit dem Zucker und der Hefe verrühren und über das Mehl gießen. Anschließend den Thymian, die weiche Butter und die Mandeln sowie das Ei dazugeben und alles zu einem geschmeidigen Teig verkneten. Den Teig in der Schüssel abgedeckt 30 Minuten ruhen lassen, bis sich sein Volumen verdoppelt hat.
3. Mehrere kleine Gugelhupfförmchen oder eine mittelgroße Gugelhupfform einfetten und mit den gehackten Mandeln bestreuen. Anschließend den Teig noch

einmal durchkneten und hineinfüllen. Den Teig noch einmal 30 Minuten gehen lassen. Dann im vorgeheizten Backofen bei 180 Grad (Gas Stufe 2) 30 bis 40 Minuten (bei kleinen Förmchen) bzw. 55 bis 60 Minuten (bei einer großen Form) backen. Den pikanten Gugelhupf am besten lauwarm servieren. *(Foto Seite 156)*

Grissini

Für etwa 40 Stück

500 g Weizenmehl Type 550
2 TL Salz
1 TL Zucker
$1/2$ Würfel Hefe
$1/4$ l lauwarme Milch
30 g Butter
etwas Mehl zum Bearbeiten
etwas Milch zum Bestreichen

1. Das Mehl in eine Schüssel sieben und mit dem Salz mischen.
2. Den Zucker mit der Hefe und der lauwarmen Milch verrühren und über das Mehl gießen. Zusammen mit der Butter zu einem glatten Teig verkneten. Die Schüssel abdecken und an einem warmen Ort 15 Minuten ruhen lassen.
3. Den Teig noch einmal durchkneten und weitere 30 Minuten ruhen lassen.
4. Den Teig wiederum durchkneten und in Stückchen von je 20 Gramm aufteilen. Jedes Teigstück zu einer bleistiftdicken Rolle formen und auf ein mit Backpapier ausgelegtes Backblech legen.
5. Die Brotstangen mit etwas lauwarmer Milch bestreichen und abgedeckt an einem warmen Ort noch einmal 10 Minuten ruhen lassen. Dann wieder mit etwas Milch bestreichen.
6. Die Grissini im vorgeheizten Backofen bei 220 Grad (Gas Stufe 4) 5 Minuten backen. Anschließend die Temperatur auf 200 Grad (Gas Stufe 3) herunterschalten und weitere 15 Minuten backen.
7. Die Grissini auf einem Kuchengitter vollständig abkühlen lassen.

Haferknäcke

Für etwa 16 Stück

100 g Weizenvollkornmehl
200 g Blütenzarte Köllnflocken
1 TL Salz
2 TL Backpulver
3 EL Olivenöl
100 ml heißes Wasser
Butter für das Backblech
etwas Mehl zum Bestreuen

1. Das Mehl und die Haferflocken mit dem Salz und dem Backpulver in einer Schüssel mischen. Anschließend das Öl und soviel heißes Wasser dazugeben, daß ein elastischer und geschmeidiger Teig entsteht.
2. Den Teig auf einer bemehlten Arbeitsfläche oder zwischen Klarsichtfolie messerrückendick ausrollen und Rechtecke (etwa 5 mal 12 cm) ausradeln oder mit einem Messer ausschneiden.
3. Ein Backblech einfetten und leicht mit Mehl bestreuen. Die Teigrechtecke daraufsetzen und im vorgeheizten Backofen bei 220 Grad (Gas Stufe 4) 15 bis 20 Minuten backen.
4. Das Knäckebrot auf einem Kuchengitter auskühlen lassen und in Alufolie oder in einer gut verschließbaren Dose aufbewahren, damit es nicht weich wird. *(Foto Seite 157)*

Rezeptverzeichnis